월요일이 무섭지 않은
내향인의 기술

월요일이 무섭지 않은
내향인의 기술

안현진

내성적인 성격을

삶의 무기로

성공하는 방법

SOULHOUSE

사람들은 왜 서로 다를까?

성격, 즉 개인차에 관한 연구는 "사람들은 왜 서로 다를까?"라는 질문에 대한 심리학의 대답이라고 할 수 있다. 성격에는 신념과 가치관, 도덕성, 생활 경위, 사회제도 등 여러 가지 요인들이 영향을 미치는데 그것 중에는 기질 혹은 성미(性味)도 있다. 성격에 영향을 미치는 요인들 중에서 기질이나 성미에 주목하고 그것을 기준으로 사람들을 분류하는 이론을 '유형 이론'이라고 할 수 있다.

유형 이론은 일찍이 히포크라테스의 체액설과 크레치머의 체격설에서부터 시작되었고 현재까지도 꾸준히 연구되고 있다. 지금까지 여러 심리학자가 각양각색의 유형 이론을 주장해왔는데, 여러 유형 분류 중에서 적어도 한 가지에 관해서 만큼은 심리학계에서 의견 일치가 있다고 말할 수 있는 것이 있다. 그것은 바로 외향성과 내향성이다.

외향성과 내향성은 각각 장단점이 있다. 즉 이 둘은 우열관계에 있지 않다. 그런데 문제는 한국을 비롯한 오늘날의 세계가 외향성은 높이 평가하는 반면 내향성은 낮게 평가하며, 외향적인 문화가 지배적인 문화로 자리잡게 된 결과 내향적인 사람들에게 외향성을 강요하고 있다는 데 있다. 저자는 이를 '외향성의 압력'이라고 표현하고 있다.

일찍이 심리학자 융이 미국 문화가 너무 외향적이라고 비판했던 사실을 통해서도 짐작할 수 있듯이, 미국은 서구의 자본주의 나라 중에서도 가장 외향적인 나라이다. 미국의 입김 아래 자본주의화된 결과 한국도 외향적인 문화가 지배하는 사회가 되어버렸다. 만일 한국인의 대다수가 외향형이고 전통적인 한국문화 역시 외향적인 문화였다면 이것이 그다지 큰 문제가 되지 않을 수도 있다.

그러나 잘 모르는 사람들이 어울려 자유롭게 걸어 다니며 잡담을 즐기는 미국의 칵테일 파티 문화는 전형적인 외향 문화인 반면 소수의 인원이 자기 자리에 앉아 대화를 나누는 한국의 사랑방 문화 혹은 차 문화는 전형적인 내향 문화이다. 한국의 전통 문화가 내향적인 문화라는 것은 한국인의 다수가 내향형이라는 것과 당연히 관련이 있다.

여러 연구에 의하면 미국은 외향형이 많게는 70%, 적어도 반수 이상을 차지할 정도로 외향형이 많은 특이한 나라이다. 반면, 비록 이 분야에 관한 명확한 연구가 없기는 하지만 여러 간접증

거와 경험 등을 통해 볼 때 한국인 중에서 다수는 내향형이다. 그리고 다수의 한국인이 내향형이라는 것은 외향성의 압력이 한국인에게 더욱 큰 스트레스로 다가올 것임을 의미한다.

어떤 이들은 오늘날의 한국 사회에 적합한 것이 내향성이 아니라 외향성이라면, 내향성을 버리고 외향성을 학습하면 되지 않느냐고 말할지도 모른다. 만일 내향성이 후천적으로 습득하는 심리적 속성이나 성향이라면 내향형들도 노력을 통해 얼마든지 외향형이 될 수 있을 것이다. 그러나 내향성은 선천적인 기질 혹은 성미인데, 이것은 사람이 신경생리학적으로 내향성을 타고난다는 것을 의미한다. 한 마디로 내향성과 외향성은 본인의 선택에 따라 자유롭게 바꿀 수 있는 것이 아니라는 말이다. 내향성과 외향성의 차이는 신경계의 활동과 밀접한 관련이 있다고 여겨지는데, 저자는 이 분야에 관한 흥미로운 연구 결과들을 소개하고 있다.

내향성은 선천적이므로 내향형에게 외향형이 되라고 강요하는 것은 유전적으로 마른 체형을 타고 난 사람에게 통통한 사람이 되라고 강요하는 것이나 마찬가지다. 따라서 내향적인 사람들에게 필요한 것은 자신의 내향성을 수용하고 긍정하며 잘 활용하는 것이다. 나아가 지나치게 외향성을 높이 평가하는 사회 분위기나 지나치게 외향적인 쪽으로 치우쳐 있는 문화를 바로 잡기 위해 노력하는 것이다. 저자는 이를 '우리에게 필요한 것은 "아니오, 나는 외향적일 필요가 없습니다."라는 자세이다'라고 표현하고 있다.

저자는 내향성이라는 주제에 집중하고 있음에도 불구하고 유형 이론가들이 흔히 빠지곤 하는 함정에서 비교적 자유롭다는 점도 언급하고 싶다. 상당수의 유형 이론가들은 모든 것을 유형이라는 틀에 억지로 끼워 맞추는 병폐를 가지고 있다. 신념이나 가치관, 도덕성, 정신건강과 관련된 문제들까지도 '내향형이라서 그래'라는 식으로 말하는 것을 예로 들 수 있다.

앞에서 언급했듯이, 개인차에는 신념과 가치관, 도덕성, 생활 경위, 사회제도, 기질이나 성미(性味) 등 여러 가지 요인들이 영향을 미친다. 따라서 사람들 사이의 차이를 기질적 유형만으로 설명하는 것은 큰 잘못이다. 이런 점에서 볼 때 저자는 상당히 균형 잡힌 시각을 가지고 있다고 할 수 있다. 또한 저자는 실제 생활에서 경험했던 내향형의 어려움을 책 전반에 걸쳐 다룰 뿐만 아니라 그것을 극복하기 위한 방도들을 소개하고 있다. 이는 내향적인 사람들에게는 분명 도움이 될 것이다.

2020년 4월 1일
심리학자 김태형

아니오, 나는 외향적이지 않습니다

사람들과 어울리기 좋아하고 컨설턴트란 직업을 가진 나를 외향적이라고 오해하는 이가 적지 않았다. 나는 분명히 대단히 내향적이지만, 흔히 외향적인 사람들의 장점이라고 생각되는 몇 가지를 갖고 있기 때문이다. 가령, 나는 낯선 사람을 만나 대화를 하는 것을 전혀 불편해하거나 어려워하지 않는다. 친해지고 싶은 사람이 생기면 금세 친해지는 편이며, 좋아하는 취미를 주제로 한 모임에서는 때로 분위기를 주도하는 경우도 있다. 많은 사람 앞에서 프레젠테이션하는 것을 두려워하지도 않는다. 다만 이런 행동을 한 뒤 반드시 나만의 시간과 공간이 필요하고, 에너지를 충전하는 데 시간이 오래 걸리는 사람이다.

나는 이렇게 사회적으로 유용한 기술들을 후천적으로 계발했다. 오랜 시간에 걸쳐 나에게 필요한 기술들을 익히자, 주변 사람들은 나를 보며 굉장히 외향적이고, 적극적이며, 활발하게 바뀌었다고 말하기 시작했다. 그러나 나는 확실히 말하고 싶다. 나는 내향적이며, 나를 일부러 외향적으로 바꾼 것이 아니라고. 다만, 내가 가진 내향성의 장점을 활용해 나에게 필요한 사회적 기술을 익힌 것뿐이라고.

그동안 우리 사회는 내향적인 사람들에게 자꾸만 외향적으로 변하라는 무언의 압력을 가해왔다. 그러나 내향성은 선천적으로 타고나는 성향이기에 개선이 아닌 인정과 수용의 대상이다.

이 책을 쓰기 위해 물리적으로는 약 1년의 시간이 걸렸지만, 정신적으로는 20년 이상의 세월이 필요했다. 지난 시간 동안 스스로의 내향성에 대해 오래도록 방황하며 어떻게 하면 나의 내향성을 받아들이고 강점으로 바꿀 수 있을지 고민해왔다. 그 결과 외향성의 압력에 굴하지 않을 단단한 마음을 갖게 되었다.

이제 내향성의 뿌리를 깊게 내리는 여정 속에서 힘겹게 깨달은 것들을 이 책을 통해 공유하고자 한다. 이 책의 핵심은 간단하다. 당신이 내향적이라고 해서 어떤 문제가 있는 게 아니라는 것, 그리고 당신의 내향성을 받아들이고 단단한 마음을 갖는 것이 당신을 보다 행복하게 만든다는 것. 이 책을 통해 다른 내향인들도 자신의 내향성을 오롯이 받아들이고 단단해지길 바란다. 나아가 외향인들에게도 주변의 내향인을 더 깊게 이해할 수 있는 계기가 되길 희망한다.

내향인 안현진

차례

Chapter 4. 내향인이어서 성공할 수 있는 5가지 이유

Chapter 5. 매력적인 내향인이 되는 5가지 기술
– 대인관계 상호 작용 기술

Chapter 6. 성공하는 내향인이 되는 5가지 기술
– 조직 생활 상호 작용 기술

Chapter 1

내게는 내향적일
권리가 필요해

"내 안에는 나 혼자 살고 있는 고독의 장소가 있다.

그곳은 말라붙은 마음을 소생시키는 단 하나의 장소이다."

- 펄 S. 벅

외향성에
세뇌되어 버린 사회

'1? 1!'

  2010년, 대한민국 문자 메시지 생태계를 바꾼 애플리케이션 카카오톡이 출시되었다. 카카오톡이 처음 출시되었을 때 가장 논란이 되었던 것은 문자 메시지 앞의 작은 숫자 '1'이다. 상대방이 메시지를 읽었는지 안 읽었는지 확인할 수 있는 이 기능은 많은 논란을 일으켰다. 상대의 대답을 간절히 기다리는 발신자 입장에서는 수신 여부를 확인할 수 있어 고마운 기능이지만, 수신자 입장에서는 의도치 않게 수신 여부를 밝히게 되고, 나아가 즉시 응답해야 할 것 같은 압박감을 느끼게 만들기 때문이다. 당시에는 개인의 자기 정보 통제권을 침범했다는 논란이 일기도 했다.

내향적일 권리를 박탈당하다

전화와 이메일, 그리고 스마트폰 메신저. 이 세 가지는 현대 사회 원거리 의사소통을 이루는 삼대 축이다. 오늘날 우리는 전화와 이메일을 통해 비즈니스를 이끌어 나가고, 네트워킹한다. 그중에서 특히 현대 사회 의사소통의 결정체인 스마트폰 메신저는 관계의 깊이와 형태에 무관하게 시간과 공간에 구애받지 않고 서로가 서로에게 연결되어 있도록 만들었다.

가령 카카오톡은 개인적 관계뿐만 아니라 업무적 관계에서도 주로 쓰인다. 내밀하고 사적인 관계에서는 페이스북 메신저 또는 인스타그램 DM이 활용되는 추세이며, 어떤 형태이든 비밀 유지가 중요한 관계에서는 텔레그램이 주요 소통 채널로 쓰인다. 그리고 모든 스마트폰 메신저에는 카카오톡의 '1'과 유사한 수신확인 기능이 있다.

의사소통 기술이 발전하고 다양화되어 편리함을 얻은 만큼, 우리는 꽤 비싼 대가를 치르고 있다. 그 어떤 관계에서도 외부 자

극을 차단하고 혼자만의 세계에 머무르기가 쉽지 않아진 것이
다. 우리는 지금 의사소통의 편리함을 얻은 대신 내향적일 권리
를 박탈당하고 말았다.

소외됨에 대한 두려움, FOMO

2008년, 세계적인 정보 기술 연구 회사이자 미래 예측 기관
인 가트너는 '초연결사회hyper-connected'라는 키워드를 제시했다.
초연결사회란 디지털 기술로 사람과 사물이 다양한 형태로 연
결된 사회를 말한다. 오늘날 초연결사회는 더 이상 미래의 트렌
드가 아닌 현실이 되었다. 사람들은 서로가 서로에게 스마트폰
메신저, 소셜 미디어, mVoIP 등을 통해 시공을 초월하여 연결되
어 있다.

초연결사회는 은연중에 외향성을 강요한다. 초연결사회가
만들어 낸 외향성의 압력을 단적으로 보여주는 단어가 바로
'FOMO(Fear of Missing Out)'이다. FOMO는 마케팅 기법에서 시
작한 현상이다. 2000년, 마케팅 전문가 댄 허먼이 제품 공급량을
의도적으로 줄여 소비자를 조급하게 만드는 '한정 수량' 전략을
선보였고, 작가 패트릭 맥귄이 2004년 하버드 경영대학원 교내

신문에 〈사회 이론Social theory at HBS:McGinnis' Two FOs〉이라는 논평을 실으며 'FOMO'라는 신조어를 만들었다.

'홀로 소외되어 주변과 단절되는 것에 대한 불안함'을 의미하는 FOMO 현상은 고독과 단절의 기회비용을 과장하고, 사람들이 서로에게 지속해서 연결되어 있도록 부추긴다. 다시 말해 혼자 있는 시간은 좋지 않으니 어떻게든 세상과 연결되어 있어야한다고 은연중에 강요하는 것이다. 마이스페이스 등 1세대 소셜 미디어가 유행하면서 FOMO는 결국 사회적 병리 현상이 되었다.

미국 뱁슨 대학교 롭 크로스 교수는 기업에서 특히 도드라지는 연결 현상을 '협업 과잉Collaborative overload'이라고 지적한다. 그의 칼럼에 따르면 지난 10년간 회사의 협업 요구는 50% 이상 증가했으며, 비즈니스 리더를 포함한 대부분의 사무직 종사자는 근무 시간의 85% 이상을 이메일, 전화 등의 협업에 쓰고 있다. 또한, 그가 2019년에 조사한 바에 따르면 직장인들은 평균적으로 무려 9개의 협업 툴을 사용하고 있으며, 그 결과 생산성이 심각하게 저하되고 있다고 지적한다. 그는 이렇게 직장 내 협업 과잉이 발생하는 이유 중 하나가 'You don't want to miss out.', 즉 FOMO에 있다고 말한다.

우리나라도 예외는 아니다. 맥킨지앤컴퍼니와 한국생산성본부의 조사 결과에 따르면, 국내 사무직 근로자들은 하루에 약 2.2시간을 이메일과 메신저에 답하는 데 쓴다고 한다. 이것은 일일 근로시간(8시간)의 무려 27%에 달하는 수치이다. 이렇게 동서를 막론한 협업 과잉 현상은 내향적일 권리를 박탈하는 한편 생산성을 저하하는 결과를 초래했다.

거세진 외향성의 압력

과거의 원거리 의사소통은 오늘날만큼 역동적이지 못했다. 그러나 무선전화기 보급률이 높아지고 즉각적 응답이 원활해지면서 상대방이 반응할 때까지 기다리는 '참을성'에 대한 기대 수준이 서서히 감소했다. 며칠에 걸쳐 편지를 보내고 답장을 주고받던 과거와는 달리 상대방으로부터 즉각적인 응답이 오지 않으면 답답함을 느끼고 짜증을 느끼는 시대가 된 것이다. 기술의 발전은 '외부 자극에 조금이라도 더 빨리, 민감하게 대응하는 것'이 미덕이고 상대에 대한 예의라는 인식을 심어주었다.

동시에 각종 미디어에서 자기 자신을 거리낌 없이 표현하고 외부 자극에 주저하지 않고 대응하는 이른바 '외향적인' 캐릭터를 매력적으로 부각하면서, 우리 사회는 어느 순간 매력적으로 보이려면 반드시 외향적이어야 한다는 사회 기준을 설정해 버렸다.

이렇게 변질한 사회 기준을 '외향성의 압력'이라고 부를 수 있다. '외향성의 압력'은 미디어를 관찰하면 쉽게 찾을 수 있다. 영화와 드라마 속 주인공의 대부분은 매우 활발하고 의사를 표현하는 데 거침이 없어 관계의 상호작용을 주도한다. 반면 내향적이고 민감한 주인공은 쉽게 상처받고, 혼자 눈물을 흘리는 약한 존재로 묘사한다. 표현에 서툴고, 자기 속내를 잘 드러내지 않는 주인공을 보면 시청자는 답답함을 느끼고, 자신 있게 의견을 주장하길 바란다. 우리 스스로가 '외향성'을 주문하는 것이다.

이러한 경험치가 자연스럽게 내재한 우리는 부지불식간 먼저 자기를 표현하고 행동하는 것이 중요하다고 믿게 되었다. 이런 믿음은 대인관계에서 발생하는 많은 문제의 원인을 자신을 잘 표현하지 않는 사람에게서 찾도록 만든다. "미리 말하지 그랬어.", "미리 말 안 한 네 잘못이지."라고 말하며 내향적인 사람을 '가해자'로 만들어 버리는 것이다.

그리고 이렇게 '가해자'가 된 내향인들 또한 내향성이 만병의 근원이라는 인식을 확대 재생산한다. 먼저 사회생활을 시작한 선배 내향인은 후배 내향인에게 하고 싶은 말은 참지 말고 이야기하라고 조언한다. 내성적인 아이에게 적극적으로 행동하라고 훈육하는 부모 역시 자신 또한 내성적인 경우가 많다. 내향인이 다른 내향인에게 어떻게든 변하라고 압박하는 것이다.

100년 이상 지속되어 온 외향성의 압력

이러한 외향성의 압력은 최근에 부각된 것이 아니다. 인디애나 대학의 심리학과 교수이자 수줍음연구소The Shyness Research Institute 소장인 카두치 박사는 그의 저서 《The Psychology of Personality》에서 미국의 외향성에 대해 통찰력 있게 분석한다.

18세기, 북아메리카에 몰려든 유럽인들은 땅과 일자리, 무엇보다 종교의 자유를 찾아온 이들이었다. 그렇기 때문에 그들의 후손에게 자유를 강조했고, 덕분에 자기 생각을 담대하게 표현할 수 있는 솔직함의 문화가 만들어졌다. 또, 자신이 믿는 바에 대해 외부 압력에 굴하지 않는 독립성을 중시하는 문화가 자연스레 형성되었고, 대중 앞에 자신의 의견을 능동적으로 피력하는 사람이 사회적 역할 모델로 설정되었다.

1789년 세계 최초의 민주 공화국인 '아메리카 합중국', 즉 미국이 탄생했다. 미국은 독립 후 서쪽 태평양 연안까지 영토를 확장하면서 경제가 급속히 발전하였다. 1865년, 남북 전쟁이 자유무역을 옹호하는 북부의 승리로 끝난 후 급속도로 산업화가 진행되면서 미국은 유럽 열강에 맞설 정도로 발전했고, 1918년 제1차 세계대전의 종식까지 약 2,700만 명이 넘는 이민자가 몰려들었다.

산업화가 진행되면서 노동의 성격이 전문 기술에서 단순한 육체노동으로 바뀌었고, 이에 따라 노동자들은 쉽게 해고되기 시작했다. 낯선 땅에서 생계를 유지하기 위해서는 어떻게든 자기 자신을 널리 알리고 적극적으로 행동하는 것이 중요했다. 언제 부당하게 해고될지 모르는 상황에서 노동자들은 자신의 가치를 증명하기 위해 큰 목소리를 내야 했다. 게다가 20세기 초 산업화의 한 획을 그은 '테일러리즘(생산공정을 과학적으로 분석하여 체계적으로 관리하는 기법)'이 자동차 제조회사 포드의 컨베이어벨트 시스템에 적용되어 '포디즘(일관된 작업 과정으로 노동과정을 개편하여 노동 생산성을 증대시키는 축적 체계)'으로 진화하면서 노동생산성이 획기적으로 증가한 결과 잉여 생산품이 폭발적으로 늘어났고, 이것들을 어떻게든 팔아 치워야만 하는 상황이 발생했다. 물건을 사려는 사람보다 팔려는 사람이 많아졌다는 것은 결국 활발한 세일즈, 홍보 활동이 중요해졌음을 시사한다.

결과적으로 사회가 요구하는 '바람직한 인간상'은 한층 더 외향적으로 변해갔다. 제품을 팔거나 비즈니스를 홍보할 때 낯선 사람에게 서슴지 않고 다가가는 외향성이 요구되었고, 시간이 흐를수록 사적인 관계에서까지 외향성이 중요해졌다. 자신의 의견을 가감 없이 표현하는 솔직함, 인간관계에서 까다롭지 않은 무던함, 동료들과 잘 어울리며 낯선 사람들과의 모임 자리에 기꺼이 참석하는 사교성 등 사적인 관계에서 요구되는 외향성의 모습도 점점 구체화되었다.

이러한 시대적 흐름을 잘 포착하여 변화를 이끈 대표 주자가 데일 카네기이다. 대학 졸업 후 베이컨, 비누 등 다양한 제품을 판매하는 세일즈맨으로 일했던 카네기는 수많은 성공과 실패를 경험하며 세일즈의 노하우를 쌓았고, 1912년 그만의 생생한 노하우를 바탕으로 '대중연설과 대화' 강좌를 기획했다. 그는 누구나 말하기를 잘할 수 있다는 희망과 동시에 말하기를 배우지 않으면 안 된다는 공포를 대중에게 전달하며 선풍적인 인기를 끌었다. 그리고 1936년에는 비즈니스를 위한 대중 연설에서 나아가 일상적인 삶에서 자신감을 갖는 방법을 다룬 책을 출간했다. 이것이 바로 모든 '자기 계발서의 아버지'라고 할 수 있는 《카네기 인간관계론How to Win Friends and Influence People》이다. 일상생활에서 자신감을 갖고 싶어 하는 평범한 미국인들의 열망에 불을 지핀 《카네기 인간관계론》은 전 세계적으로 5천만 부 이상의 누적 판매량을 기록했으며, 출간 이후 100년이 지난 오늘날까지 미국 사회뿐만 아니라 서구 문화권 전체가 '외향성'에 사로잡히는 데 일조하였다.

범세계적인 '외향성'에 대한 집착은 '내향성'을 질병으로 바라보기까지 했다. 1970년대 후반, 세계보건기구WHO는 국제질병사인분류ICD의 9차 개정안을 공포했는데, 정신 질환 목록 중 하나인 조현성 성격 장애의 하부 항목으로 내향적 성격을 포함했다. 이는 당시에도 큰 논란을 불러일으켰던 조치로, 비록 1994년에 발표된 10차 개정안에서 삭제되었지만, 내향성을 병적으로 바라보았던 당시 사회적 분위기를 익히 짐작할 수 있게 하는 역사적 사실이다.

우리나라는 어떨까? 유교 문화의 영향을 받은 우리나라와 중국을 위시한 동양 문화권에서는 나를 알리는 것보다 갈고닦는 것을 중요시했다. 그러나 19세기 말 동양 문화권은 급격한 근대화를 겪으며 기존의 가치관이 완전히 무너져 내렸다. 글을 읽고 사상을 논하는 선비보다는 발 빠르게 부지런히 돌아다니며 돈을 버는 상인과 자신만의 기술을 가진 상공인들이 성공에 더 가까워지면서 가치관의 변화가 시작된 것이다. 오랜 전쟁의 폐허를 스스로의 힘으로 딛고 일어나는 과정에서 어떻게든 자기 자신을 돋보이게 만드는 노력은 시대의 필연적인 요구였다. 그 결과 우리나라는 1970년대에 들어 세계적으로 유례없는 빠른 산업화를 겪었다.

이후 21세기에 접어들며 외향성의 압력이 본격화되기 시작했다. 2000년 정부의 '초 · 중 · 고등학생 조기 유학 전면 자유화 조치' 발표 후, 그해 4,397명이었던 조기 유학생 수가 2006년 29,511명으로 7배 가까이 증가하였다. 조기 유학생의 대부분은 외향성의 성지와도 같은 미국으로 향했다. 성격과 행동 패턴을 형성해나가는 10대 시절을 외향성의 나라에서 보내면서 자연스럽게 외향성에 입각한 사회적 기준을 습득한 이들이 한국 사회의 주류를 형성하면서 외향성은 선망의 대상으로 자리매김하였다.

2003년 출시된 '싸이월드' 서비스는 더욱 근본적인 변화를 이끌었다. 개인의 일상을 공개하며 인맥을 구축하는 싸이월드가 폭발적인 인기를 끌면서 자신의 일상을 속속들이 공개하는 것이 당연해졌고, 2010년 이후 자기 자신을 드러내는 페이스북과

인스타그램의 보편화, 시공간의 제약을 허무는 무선 인터넷 환경 조성, 서로의 수신 여부를 실시간으로 체크하는 스마트폰 메신저 등으로 인해 외향성의 압력은 더욱 강해졌다.

외향성에 세뇌된 사회의 메시지 : '인싸'

우리 사회가 성격적으로 지향하는 바를 파악하기 가장 쉬운 방법은 베스트셀러에 오른 자기 계발서의 트렌드를 살펴보는 것이다. 많은 수의 자기 계발서가 다음 3가지를 다루고 있다.

첫째, 어떻게 남들에게 내 의견을 똑바로 전달하는가?
둘째, 어떻게 하면 다른 사람의 호감을 사고, 많은 친구를 사귈 수 있는가?
셋째, 이를 위해 어떻게 내 용모와 자세, 목소리를 변화시킬 것인가?

이러한 외향성의 압력은 우리 생활의 전반을 지배했다. 결혼식 등의 행사에 가면 우리는 무의식적으로 얼마나 많은 친구가 참석했는지 보고 행사 주인공의 인생을 평가한다. 친구의 숫자

가 성공의 척도가 되어 버린 것이다. 이뿐만이 아니다. 외향성에
세뇌되어 버린 사회는 다음과 같은 메시지가 자연스러운 것이
라고 강요한다.

- 모임은 즐거운 것이고, 혼자 있는 것은 좋지 않다.
- 개인적인 활동보다 팀워크가 더 중요하다.
- 인맥은 성공의 핵심 요소이며, 이를 위해 더 많은 사람과
  어울려야 한다.

이런 상황에서 사회적으로 가장 바람직한 인간상으로 대두된
것이 '인싸'이다. 2010년대 후반에 생겨난 '인싸'라는 용어는 무
리에서 영향력을 발휘하고 활발하게 사회활동에 참여하는 사람
들을 의미한다. 인싸라는 단어가 널리 퍼지면서 소셜 미디어와
방송에서는 인싸를 인간관계의 워너비Wanna-be처럼 소개하고, 인
싸가 되기 위한 '인싸력(말투나 유머 감각 등 기본 소양)', '인싸템
(최신 유행에 부합하는 아이템)' 등을 소개하며 삶의 즐거움을 누
리는 가장 좋은 방법은 '인싸 라이프스타일'이라고 정의해버렸
다. 외향성을 강조한 인싸는 반대 개념의 '아싸'라는 단어를 깎
아내리며 부지불식간에 외향성을 우위에, 내향성을 하위에 두는

결과를 초래하였다.

《센서티브》의 저자 일자 샌드는 '실존적 부가가치세'의 개념
으로 외향성의 압력을 지적하고 있다. 실존적 부가가치세란 '자
신이 진심으로 추구하는 삶을 살기 위해 치러야 하는 대가'이다.
예를 들어 내향적인 직장인이 회사 생활에 스트레스를 받아 자
신이 어릴 적부터 하고 싶었던 일을 하기 위해 퇴사를 고려할 때
무엇보다 부모님이 실망할까 봐 두려워하고 죄책감을 느끼는
것이 '실존적 부가가치세'의 대표적 사례이다. 또는 내향적인 아
이가 학생회장 또는 리더가 되길 바라는 아버지의 바람과는 달
리 혼자 조용히 책을 읽는 모임에 가입한 후 은연중에 아버지를
실망하게 했다는 죄책감에 위축되는 것도 실존적 부가가치세를
내는 사례이다.

21세기를 사는 내향인은 외향성의 압력으로 인해 과연 얼마만
큼의 '실존적 부가가치세'를 내고 있을까?

외향성을 강요하는
사회가
만든 부작용

1. 재미있고, 매력적이고, 누구나 즐겁게 해주는 사람

2. 매우 인상 깊은 지식이나 특별한 기술을 가진 것 같은 사람

3. 매우 사교적이고 누구와도 즐겁게 대화할 수 있는 사람

4. 강한 전염성을 가질 만큼 확신을 가진 사람

5. 좋은 평판을 소중하게 생각하고 간절히 바라는 사람

6. 돈과 소유물을 통해서 지위와 명예를 소중히 여기는 사람

7. 감정과 진심을 흉내 내고 연기할 줄 아는 사람

8. 결과에 상관없이 본인의 일이 모두에게 이익이 된다고 철
저히 믿는 사람

앞에서 묘사한 특징을 보면 어떤 사람이 떠오르는가? 유능한 영업인, 항상 인간관계의 중심에 있는 사교적이고 외향적인 사람이 떠오르지 않는가?

그러나 영업으로 잔뼈가 굵은 신동민 박사님의 저서 《나는 내성적인 영업자입니다》에 언급된 이 리스트는 어느 미국 잡지에서 전형적인 사기꾼의 모습을 묘사한 것들이다. 이 '전형적인 사기꾼'은 다름 아닌 '과도한 외향성이 낳은 괴물'이다.

앞서 살펴본 대로 동서양을 막론하고 역사적으로 외향성을 부추기는 사회적 분위기가 조성되었고, 지속하여 왔다. 그러나 누구와도 잘 어울리는 사교성, 강력한 전염성을 만들 만큼의 자기확신, 좌중을 사로잡는 화술 등 외향성에 과도하게 집착하는 것은 많은 폐해를 낳았다.

외향성의 압력에 희생되는 사람들

외향성에 집착하면서 발생하는 폐해를 가장 쉽게 찾아볼 수 있는 곳은 바로 회사이다. 내가 과거 글로벌 기업에 다녔을 때의 일이었다. 나의 직속 매니저는 회사에서 말수가 적은 나를 보며 그가 가장 중요하게 생각하는 것은 'Transparency(투명성)'라고 누누이 말했다. 내가 평소에 무슨 생각을 하는지 훤히 들여다보고 싶으니, 투명하게 내 속을 비추고 적극적으로 내 생각을 말하라는 주문이었다.

또래에 비해 일찍 승진하고, 유능하고, 사회생활까지 잘하는 그를 보며 항상 닮고 싶다고 생각했다. 그러나 내 속내를 '투명'하게 계속 노출하라는 요구는 퇴사를 고민하게 만드는 큰 곤욕거리였다. 이렇게 회사처럼 공적인 공간에서 '나'를 드러내야 한다는 압박으로 인해 스트레스를 받는 사람은 외향성의 나라 미국에도 존재한다. 미국 최대의 인터넷 커뮤니티 Reddit_{www.reddit.com}을 조금만 둘러봐도 많은 내향적인 미국인들이 직장에서 외향적인 사람이 되어야 한다는 중압감에 시달리는 것을 확인할 수 있다.

단순히 부담감 정도로 끝나면 다행이다. 젠 그렌맨이 만든 웹사이트 Introvert, Dear_{www.introvertdear.com}는 미국의 수많은 내향인이 자신의 고민을 털어놓는 온라인 공론장이다. 특히 Introvert, Dear 페이스북 그룹에서는 수많은 사람이 외향성의 압력으로 인한 극심한 고통을 호소한다. 많은 미국인이 면접에서 눈에 띌 수 있도록 억지로 활발한 척하는 것이 얼마나 힘든지, 새로운 직장으로 출근하기 전날 얼마나 떨리고 걱정되는지, 조용히 있는 자신에 대해 자신감이 없어 보인다는 평가로 얼마나 고통받는지에 대해 고민을 토로한다.

미국만의 이야기가 아니다. 호주의 저널리스트 웬디 스콰이어스 또한 "Thanks for the fun weekend friends, now please leave me alone(즐거운 주말을 위해 함께 했던 친구들아, 정말 고마웠어. 이제는 나를 혼자 내버려 둬)."이라는 도발적인 제목의 칼럼을 통해 전형적인 내향인의 이야기를 털어놓았다. 외향성의 압력에 시달렸던 그녀는 스스로에게 온전히 집중하며 재충전하는 시간을 제대로 찾지 못했다고 한다. 주말에도 집 밖에서 사람들과 어울리며 사교활동을 해야 한다고 자신을 압박했고, 그 결과 극심한 우울증을 앓게 되었다고 고백했다.

"나는 사회적으로 왕성한 활동을 하고 난 뒤 고요한 안정기를 갖는 것이 우울증을 유발한다고 생각하고, 스스로를 사람들과 술이 있는 곳으로 강요했다. 그런데 그것이 바로 나의 우울증의 원인이었다."

왠지 익숙하게 들리지 않는가? 외향성의 압력은 공적 영역, 사적 영역을 막론하고 피해자를 만들어내고 있다. 더 큰 문제는 우리가 가장 오랜 시간을 보내는 회사의 업무 환경 자체가 점점 친외향성 환경으로 디자인되고 있다는 점이다. 단적인 예가 파티션이다. 개인적 업무 공간을 나누는 파티션의 높이는 점점 낮아지고 있으며 심지어 파티션이 동료들과의 소통을 방해한다는 명목으로 모든 벽을 없애는 개방형 오피스도 심심찮게 보인다. 단순히 사무 공간뿐만이 아니다. 회의할 때도 모두가 다 같이 모여 머리를 맞대는 것이 더 효율적이라는 믿음으로 모든 사람을 한자리에 불러 모아 '브레인스토밍'을 한다. 이런 환경은 내향적인 사람들이 탈진할 때까지 자기 자신을 몰아붙이도록 만든다. 게다가 짜증과 불만이 쌓이는 내향적인 동료를 마치 사회 부적응자로 취급해버린다. 외향성에 대한 과도한 집착으로 인해 '희생자'가 발생할 수밖에 없는 환경인 것이다.

무시당하는 내향인의 권리

외향성의 압력은 내향적인 행복과 재미를 평가절하한다. 행복과 재미는 다분히 개인적인 영역의 가치이다. 1,000명의 사람이 있다면 1,000가지 이상의 행복과 재미가 있어야 한다. 그러나 우리 사회는 행복과 재미마저도 '외향성'의 잣대로 판단할 때가 많다.

일주일 이상의 긴 휴가가 생겼을 때, 내향인은 굳이 억지로 특별한 뭔가를 하려고 하지 않는다. 3~4일 내내 혼자 조용히 책을 읽는 것, 밀린 집안일을 꼼꼼하게 처리하는 것, 여럿보다는 혼자 여행을 떠나는 것, 이 모두가 내향인에게는 더할 나위 없는 기쁨이다. 내향적인 사람은 이처럼 자신의 내면에 집중하는 내밀한 행복을 추구한다. 그런데 외향성을 과도하게 중시하는 문화에서는 이런 모습을 안타깝게 여긴다. 더 많은 사람과 교류하지 않고 혼자 시간을 보내는 것을 이해하지 못하며, 더러는 내향인이 행복을 추구하는 방식을 따분하고 지루하다고 여기며 삶의 진짜 재미를 모른다고 무시한다. 개인적인 행복과 재미마저도 외향적 관점에서의 역할 모델이 만들어진 것이다.

영국의 심리학자 대니얼 네틀은 저서 《성격의 탄생》에서 이런 외향적 행복 모델에 따른 부작용을 명확하게 밝히고 있다. 그에 따르면 외향성 수치가 높은 사람은 결혼 이후 바람을 피울 확률이 더 높다. 또한, 자극적이고 스릴 있는 보상을 추구하는 활동을 더 많이 하므로 육체적 사고의 확률도 더 높다.

대인관계 영역에서도 내향인의 행복과 재미는 무시당한다. 외향적 행복 모델은 조용하게 서로의 고민을 들어주고 경청하기

보다는 분위기를 띄워 웃음을 계속 유도해야 한다고 압박한다. 결과적으로 외향성에 집착하는 정도만큼이나 대화 중간중간의 침묵을 무서워하게 된다. 소위 말해 '오디오가 비는' 순간을 어떻게든 잡담으로 채워야 할 것 같은 압박을 느끼게 만든다. 그리고 그 공백을 잘 메꾸는 사람은 외향성이 지배하는 시대에 적합한 인재로서 위트 있고 유머 있다는 찬사를 듣는다. 적막의 순간이 생기면 그냥 있는 그대로 잠시 내버려 둬도 될 텐데 말이다.

대화 속 침묵을 무수히 많은 말로 채우려고 하면 할수록, 서로를 있는 그대로 이해하고 지지해주는 방법은 설 자리를 잃어간다.

대화법과 사교를 주제로 한 많은 자기 계발서들이 어떻게 하면 외향적으로 상대방의 이야기를 잘 받아치는지, 어떻게 하면 분위기를 주도할 수 있는지를 다룬다. 그리고 "당신도 외향적일 수 있습니다!"라는 메시지를 전달한다. 이런 책들은 대화의 공백을 잘 채우지 못하면 인간관계에서 낙오할 수 있다는 위기의식을 조장하고, 과도한 외향성을 강요한다.

이런 외향성의 홍수 속에서 무엇보다 중요한 것은 내향성이 가진 특징을 억지로 바꾸어 외향적인 모습을 갖추는 것이 아니다. 우리에게 필요한 것은 "아니오, 나는 외향적일 필요가 없습니다."라는 자세이다. 오히려 외향성에 대한 과도한 집착에 따른 부작용을 직시하고, 그에 따른 희생자가 되지 않아야 한다. 또한, 외향성의 기준에서 세워진 행복 모델의 허점을 파악해 각자에게 알맞은 행복 모델을 만들어야 한다.

외향적인 사람조차
내향적이고
싶은 시대

　기술의 발전은 지금껏 외향성이 유리한 시대를 만들어 왔다. 그러나 이제는 내향성이 존중받을 수 있는 시대가 도래했다. 이 역시 아이러니하게도 기술의 발전 덕분이다.

　몇 해 전, 스타트업 관련 행사에 참석하기 위해 베트남에 갔었다. 그곳에서 만난 다른 스타트업 대표들과 '배달의 민족', '요기요'와 같은 배달 대행 서비스에 관해 이야기를 나눴는데, 당시 해당 서비스를 한 번도 이용해 보지 않았던 나는 다른 사람들이 왜 이러한 서비스를 이용하는지 궁금했다. 이에 대해 어느 스타트업 대표가 말했다. "나도 배달 대행 서비스를 잘 이용하지 않지만 중요한 것은 10대, 20대가 많이 이용한다는 겁니다."

그분이 지적한 포인트는 과거와 다르게 외동으로 자라는 비율이 높은 밀레니얼 세대들은 전화로 커뮤니케이션하는 것 자체를 어색해하며, 따라서 누군가에게 구체적인 주문 내역을 설명하지 않아도 되는 배달 대행 서비스를 선호한다는 것이었다.

전화로 자신이 원하는 바를 일일이 말로 설명하는 것은 근본적으로 상대방이 존재하는 '상호작용'이다. 이 경우 메뉴를 고르면서 혼자서 천천히 생각하기가 어렵다. 상대방이 전화기 너머로 기다리고 있기 때문이다. 아무리 전화하기 전에 메뉴를 결정했다고 하더라도 중간에 마음이 바뀔 수 있는데 이렇게 심적 변화로 결정이 지체되면 마음이 불편해진다.

반면 스마트폰 애플리케이션은 어떠한가? 다른 사람 눈치를 보지 않고 내가 원하는 바에 집중할 수 있다. 주문을 하다가 마지막에 마음을 바꿔 주문을 취소해도 아무도 뭐라고 하지 않는다. 나만의 속도가 오롯이 존중받는 것이다.

IT, 내향성이 존중받을 수 있는 시대를 일구다

IT 기술의 발전은 의사소통 측면에 있어 내향적인 사람들이 시끄러운 외부 자극을 차단할 수 있는 환경을 일구었다. '우버, 카카오택시, 배달의 민족, 마켓 컬리' 등을 활용하면 원치 않는 외부 자극을 최소화하며 내향적으로 생활할 수 있게 된 것이다. 이것은 이미 언택트(Untact, 부정의 접두사 Un과 접촉을 의미하는 단어 Contat의 합성어로 비대면 서비스를 총칭하는 신조어)라고 하는 사회적 트렌드가 되었다.

IT 기술의 발전은 의사소통뿐 아니라 학습의 측면에 있어서도 내향적인 사람들이 더 원활하게 학습할 수 있는 환경을 조성하였다. IT 기술이 발전하기 전까지 전통적인 학습의 형태는 직접적인 만남을 전제로 하는 '대면 학습'이었다. 불과 몇 년 전까지도 자신이 배우고 싶은 것이 있으면 그 영역의 전문가를 직접 찾아가는 것이 보편적인 학습 형태였다. 영어를 배우기 위해서는 영어학원에, 웨이트 트레이닝을 배우기 위해서는 헬스클럽에 가야 했다. 그러나 이제는 집에서도 충분히 전문적인 수준의 학습이 가능하다. IT 기술의 발전, 특히 동영상 공유 및 스트리밍 기술의 발전으로 양질의 수업 동영상을 무료로 접할 수 있게 되면서 '비대면 학습'도 가능해졌다. 대표적으로 MOOC Massive Open Online Course라고 일컬어지는 대규모 온라인 공개 강의 플랫폼에서는 다양한 종류의 학문을 초등부터 대학교 과정에 이르기까지 수준별로 학습할 수 있다.

　이뿐만이 아니다. 흔히 말하는 문화생활을 생각해보자. 불과 10여 년 전만 해도 문화생활은 기본적으로 집 밖에서 즐기는 것으로, 문을 열고 밖으로 나가 극장에 가고, 전시회를 보고, 강연회에 참석하는 형태였다. 이제는 변했다. 유튜브, 넷플릭스, 웹툰 등이 쏟아져 나오면서 집 안에서도 충분히 수준 높은 문화생활을 할 수 있게 되었다. 최근 들어서는 루브르를 비롯한 박물관, 미술관도 온라인으로 전시 작품을 공개하기 시작했고, 세계 최정상급 피아니스트들도 유튜브 연주회를 시작했다. 자신만의 공간에서 자신만의 속도로 문화 콘텐츠를 즐긴 후 온라인에서 의견을 교류하는 것은 이미 너무나 자연스럽다. 이러한 추세가 앞으로 가속화될 것은 여러 사회적 상황을 고려했을 때 자명한 사실이다.

　대인관계도 마찬가지이다. 스마트폰 등장 이전, 대인관계 측면에서 가장 중요한 점 중 하나는 나 자신을 알리는 것, 즉 '홍보'였다. 편지를 쓰던 시절에 비해 전화와 이메일로 의사소통이 편리해지긴 했으나, 여전히 사람을 직접 만나 자기 자신을 알리고 홍보하는 것이 중요했다. 하지만 IT 시대인 지금은 홍보와 자기 PR 영역마저도 외향성의 탈을 쓸 필요가 없어졌다. 블로그, 트위터, 인스타그램 등을 통해 내향적인 사람의 속내를 자연스럽게 드러내는 것이 하나의 콘텐츠가 되고 경쟁력을 갖기 때문이다. 회사생활을 위한 네트워킹도 링크드인, 페이스북 등에서의 연결이 큰 힘이 되는 시대이다. IT의 발전은 의도하든 의도하지 않든, 결국 의사소통, 학습, 문화생활, 대인관계 등 삶의 다양한 측면에서 내향성을 위협받지 않고도 행복과 재미를 추구할 수 있고 경쟁력을 갖출 수 있는 사회를 일구었다.

내향적일 권리를 존중하는 사회

외향성의 번영을 이끌었던 IT의 발전은 아이러니하게도 이제 내향성의 시대를 만들어가고 있다. 이러한 내향성의 시대가 만들어지는 배경에는 기술 발전 이외에 한 가지가 더 있다. 바로 외향적인 사람조차 과도한 자극에 질려 버렸다는 점이다. 과도한 외향성이 만들어내는 문제의 대부분은 회사 생활에서 발생한다. 회사에서 끊임없이 자기 자신을 드러내야 한다는 압박은 외향적인 사람에게도 큰 스트레스로 작용한다. 이로 인해 번 아웃 현상이 빈번해지면서 외향적인 사람들조차 자기만의 시간과 공간을 찾아 스스로에게 집중하고 싶어 한다. 한마디로 외향적인 사람들도 때로는 '내향적일 권리', 다시 말해 '연결되지 않을 권리'를 주장하기 시작한 것이다.

'내향적일 권리'를 주장하는 움직임은 사회적 제도 변화를 끌어내고 있다. 대표적인 사례가 이른바 '퇴근 후 카톡 금지법'이다. 신경민 의원이 2016년 발의한 근로기준법 일부개정안(퇴근 후 카톡 금지법)은 근로자에게 업무시간 외에 스마트기기를 통한 직간접적 업무 관련 지시를 엄연한 사생활 침해로 규정하고 있다. 이 법안에서 눈여겨봐야 하는 점은 직접적 업무 지시뿐 아니라 단체 채팅방에서의 '간접적' 업무 지시까지 제한한다는 것이다. 신경민 의원의 발의에 이어 유승민 의원, 이용호 의원 등도 관련 법안을 발의했다. 2020년 현재 '퇴근 후 카톡 금지법'은 단속의 현실 가능성 등을 이유로 계류 중이지만 말이다.

'연결되지 않을 권리'를 최초로 인식한 국가는 프랑스였다. 프랑스는 역사적으로 볼 때 프랑스 대혁명 등을 거쳤기에 자신의 목소리를 드높이고 권리를 쟁취하는 것이 자연스러운 국가이다. 교육 시스템 또한 주어진 것을 그대로 학습하는 형태와는 거리가 멀다. 학습자와 교수자가 동등한 눈높이에서 자기 생각과 논리를 전개한다. 이렇게 외향적인 나라 프랑스에서는 지난 2016년 근로자가 회사와 '연결되지 않은 권리'를 노동개혁안에 포함했고, 2017년 '퇴근 후 업무지시 금지법'을 시행했다. 이에 따라 회사는 근로자에게 정해진 업무 시간 이후 스마트폰, 이메일, 사내 인트라넷 등을 포함한 '모든' 소통 채널을 차단해야 하고, 노사가 협의한 시간에만 연락할 수 있다. 이웃 국가 독일도 마찬가지이다. 독일의 근로자는 '안티-스트레스' 법안에 따라 회사와 협의한 공식 업무 시간 이외에는 스마트폰 등을 통한 업무 지시를 받지 않아도 된다.

사회적 단절에서 오는 즐거움, JOMO

사회적 제도와 더불어 '내향적일 권리'에 대한 사람들의 인식 자체도 변화하고 있다. 몇 년 전만 해도 혼자 행동하는 것을 부정적으로 바라보는 경향이 강했다. 혼자 밥을 먹거나, 혼자 영화를 보러 간다고 하면 친구가 없는 사람 취급을 했었다. 그러나 이제는 오히려 '혼밥', '혼영'이 하나의 문화가 되었다고 해도 과언이 아니다. '내가 먹고 싶은 것을 먹고, 내가 보고 싶은 영화를 보는 건데 왜 다른 사람 눈치를 봐야 하지?'라는 생각이 보편적으로 받아들여지면서 '혼밥족', '혼영족'을 위한 상품과 서비스 또한 물밀 듯이 출시되고 있다. 다른 사람의 시선을 신경 쓰지 않고 내 취향에 알맞은 선택을 할 수 있는 환경이 조성된 것이다.

이렇게 사회적 시선에서 벗어나는 해방감을 추구하는 것을 'JOMO(Joy of Missing Out, 사회적 단절의 기쁨)'라고 한다. JOMO 는 이미 전 세계적인 사회 현상으로, 이제는 그 어떤 '내향적인' 선택도 그냥 하나의 취향이자 개인의 선호로 인식된다.

인류의 발전에는 이성(理性)과 감성(感性), 정(靜)과 동(動)의 조화가 필요하다. 외향성과 내향성도 마찬가지이다. 이 둘은 서로에게 상호 보완적인 관계임에도 불구하고 그동안은 외향성에만 방점이 찍혀 있었다. 그 결과 자기 목소리를 크게 내는 것, 활기찬 에너지를 뿜어내는 것만 선호되고, 내향성이 담당하는 성찰, 깊은 내면, 섬세함 등은 상대적으로 평가절하되었다.

이제 우리 사회는 내향성을 받아들일 준비가 되었다. 그동안 과도한 외향성에 시달린 탓에 외향인, 내향인을 막론하고 내향적일 권리를 주장하며, 제도적으로 이를 보장하려고 노력하는 추세이다. 하루가 다르게 발전하는 IT 기술은 불필요한 외부 자극을 차단하면서도 삶의 질을 유지할 수 있도록 돕고 있다. 그동안 억눌려 왔던 내향성을 밖으로 꺼내는 것이 행복과 균형의 실마리가 되는 시대가 마침내 도래한 것이다.

내향적? 내성적? ✦

내향적 內向的 [내: 향적]

1. 안쪽으로 향하는. 또는 그런 것. 2. 성격이 내성적이고 비사교적인. 또는 그런 것. 3. 외면적인 면보다는 내면적인 면을 추구하는. 또는 그런 것.

유의어 내성적 **반의어** 외향적

내성적 內省的 [내: 성적]

겉으로 드러내지 아니하고 마음속으로만 생각하는. 또는 그런 것.

유의어 내면적 폐쇄적 내향적 **반의어** 외향적

사전적으로 보면 '내향적'이라는 단어는 말 그대로 안쪽을 향하는 지향성을 의미하고, '내성적'이라는 단어는 성격적 특성이 마음속에 머무르는 것으로 구분할 수 있다. 그러나 이 둘의 근본적 의미는 차이가 없으며, 사실상 같은 말이다. 국립국어원의 '온라인 가나다'에서도 두 단어의 의미 차이를 묻는 질문에 대해 명확한 차이를 밝히고 있지 않다. 다만 상대적인 관점에서 '내향적'은 학술적 표현으로, '내성적'은 대중적 표현으로 여겨진다.

결국 같은 뜻의 두 단어가 사용 빈도의 차이로 인해 서로 다른 의미가 있는 것처럼 여겨지고 있을 뿐이며, 사회적으로 두 단어는 의미의 차이 없이 혼용할 수 있다. 실제로 영어에서는 '내성적'과 '내향적'을 구분해서 쓸 수 있는 단어가 없다.

Chapter 2

도대체
내향성이 뭐냐고
묻는 이에게

"남이 뭐라고 말하든 자신의 성격대로 살라."

– 칼 마르크스

융이 정의한
내향성과 외향성

유구한 심리학의 역사 속에서 많은 학자가 다양한 이론으로 인간의 내면을 탐구하고 성격을 연구했다. 그중 결코 빼놓을 수 없는 걸출한 학자가 몇 있으니 바로 지그문트 프로이트와 알프레드 아들러, 그리고 카를 구스타프 융이다.

20세기 초, 이 셋은 함께 연구했었다. 그리고 융은 다른 두 학자가 인간을 이해하기 위해 집중하는 초점이 다르다는 것을 깨달았다. 프로이트는 개인을 둘러싼 외부세계에 관심을 두었지만, 아들러는 개인의 깊은 속내를 천착했다. 엇갈린 연구의 방향성은 결별을 낳았고, 두 학자는 각기 나름의 성과를 거두었다. 프로이트는 현실 세계에서 만족감을 얻게 만들기 위한 심리학적 연구를 지속한 결과 내면세계에 초점을 맞추는 내향성을 부정적인 의미로 묘사했다. 앞서 언급한 외향성의 압력은 어쩌면 프로이트로부터 기원하였을지 모른다. 반면, 아들러는 인간의 깊숙한 내면에 잠재된 무력감을 '열등감'으로 정의하며 이를 극복하기 위한 연구에 집중했다.

그렇다면 융은 어떨까? 상대적인 관점에서 외부 세계에 집중하는 프로이트를 외향적으로, 내부 세계에 집중하는 아들러를 내향적으로 여겼던 융은 자신만의 이론을 발전시켜 나갔다. 프로이트와 아들러를 일종의 정(正)-반(反)의 관계로 접근했던 융은 자신만의 합(合)을 만들어 냈다. 1921년 융은 《심리 유형》을 출간하면서 인간의 성격을 이해하는 데 있어 가장 쉽고 직관적인 개념을 정립했는데, 그것이 바로 '내향성'과 '외향성'이다.

심리적 태도와 기능의 차이

융은 인간의 성격 특성을 '심리적 태도'와 '기능의 차이'라는 관점에서 접근했다. 심리적 태도란 개인이 에너지를 투여하는 방향성을 말한다. 즉, 개인의 외부 세계에 관심을 두고 에너지를 투사하는 타입을 '외향성Extroversion'으로, 개인의 내면세계에 관심을 두고 에너지를 투사하는 타입을 '내향성Introversion'으로 정의했다. 그리고 심리적 기능을 '판단하는 기능(합리적 기능)'과 '인식하는 기능(비합리적 기능)'으로 나누고 각각을 '사고와 감정', '감각과 직관'으로 세분화했다. 이를 정리하자면 다음과 같다.

심리적 태도

외향성 : 관심을 외부 세계에 두고 주체보다 객체를 중요시함

내향성 : 관심을 내부 세계에 두고 객체보다 주체를 중요시함

합리적 기능(판단)

사고(thinking) : 주어진 것이 무엇인지 알고 서로 연결하는 기능

감정(feeling) : 주어진 것을 수용 또는 거부하는 가치 부여 기능

비합리적 기능(인식)

감각(sensation) : 자극을 의식적으로 인식하는 기능

직관(intuition) : 자극을 무의식적으로 인식하는 기능

융은 이렇게 두 가지 심리적 태도와 네 가지 심리적 기능을 조

합하여 다음과 같이 총 여덟 가지 성격 유형을 분류했다. 각 유형의 자세한 내용은 융의 《심리 유형》을 참고하기 바란다.

	외향형	내향형
사고형	외부 환경에 잘 반응하며, 감성적인 것보다 이성적인 것을 중시함	객관적 사실보다 관념적인 것에 몰두함
감정형	깊이 생각하는 것을 선호하지 않으며, 객관적인 요소에 집중함	주관적인 요소에 집중함
감각형	현실주의자로 관찰 가능한 것에만 집중하는 경향이 있음	신중한 편으로 주관적인 내적 감각을 중시하는 예술가형
직관형	모든 외부적인 요소들 자체보다 그것들의 가능성에 집중함	현실보다 내면세계에 관심이 많고 흔히 말하는 직감이 발달함

당신의 에너지는 어디로 흐르는가?

'내향성'과 '외향성'을 구분하기 위해 융이 초점을 맞췄던 것은 '정신적 에너지가 흐르는 방향'이다. 그에 따르면 내향적인 사람은 선천적으로 정신적 에너지, 관심사 등이 인간의 내면에 대한 사색과 고민으로 흐른다. 그렇기 때문에 내향인은 떠들썩한 파티에 참여하기보다는 집에서 혼자 생각에 잠기는 것을 즐긴다. 내향적인 사람의 머릿속은 많은 생각으로 가득 차 있지만 겉으로 보기에는 차분하고 조용한 경우가 많다.

반대로 외향적인 사람은 태어날 때부터 정신적 에너지와 관심사 등이 개인을 둘러싼 사람들, 처한 상황과 환경 등 외부 세계에 더 끌린다. 따라서 집에 혼자 있는 것은 외향적인 사람에게는 참기 힘든 지루한 일이다. 대부분의 외향적인 사람들은 주변과 적극적으로 상호 작용하기 때문에 몸짓과 목소리가 크고 활달한 경우가 많다.

오늘날 널리 쓰이는 MBTI 검사는 미국의 캐서린 브릭스와 그의 딸 이사벨 마이어스가 융의 성격 유형을 바탕으로 만든 성격 분류 도구이다. MBTI 검사 결과는 E 또는 I로 시작하는데, 이는 Extroversion과 Introversion, 즉 외향성과 내향성을 의미한다. MBTI 검사에서 외향적인 사람과 내향적인 사람을 분류하는 기준 역시 정신 에너지의 방향성, 즉 마음의 에너지가 어디로 흐르는가이다.

MBTI 검사는 기본적으로 융이 제시한 심리적 태도(정신적 에너지의 방향성)와 판단형, 인식형에 '생활양식에 대한 선호'를 추가해 도합 16가지 성격 유형을 도출한다. 생활양식에 대한 선호란 '결과 지향적 삶의 태도'와 '과정 지향적 삶의 태도'로 생각하면 이해하기 쉽다.

참고로 한국 MBTI 학회에서는 ISTJ 형을 세상의 소금으로, ISFJ 형을 수호자로, ISTP 형을 백과사전으로, ISFP 형을 성인군자로, INFJ 형을 예언자로, INTJ 형을 과학자/건축가로, INFP 형을 잔 다르크로, INTP 형을 논리적인 사색가로 부른다.

MBTI는 현재 전 세계적으로 가장 많이 시행되고 있는 심리검사로, 응답자 스스로 판단하여 점수를 매기는 자기 보고식 검사의 한계를 가지고는 있지만 엄청난 표본 수를 바탕으로 후속 연구나 기타 심리연구에 응용할 수 있는 가치를 인정받고 있다. 16 personalities www.16personalities.com에서 무료로 간단한 성격 유형 검사를 받을 수 있다.

당신은 외부 자극을 어떻게 받아들이는가?

'정신적 에너지의 지향점' 이외에 '외부 자극'의 작용 또한 내향성과 외향성이 확연히 구별되는 지점이다. 외부 자극이란 말 그대로 인간의 외부, 그러니까 인간을 둘러싼 모든 것들에게서 오는 일련의 자극을 의미한다. 가족, 친구, 연인의 말 한마디도 외부 자극이며, 일하는 직장의 환경도 외부 자극이고, 버스나 지하철을 탈 때 접하는 각종 소음이나 냄새도 외부 자극이다.

이런 외부 자극은 살아가면서 피할 수 없는 자극이지만 내향성이냐 외향성이냐에 따라 이러한 외부 자극을 어떻게 받아들이는지는 매우 다르다. 우선 외향인에게 외부 자극이란 에너지를 충전하는 소재이다. 외향인은 외부 활동을 하며 사람이든 환경이든 새로운 자극을 맞닥뜨리며 사회적 에너지를 충전한다. 따라서 외향적인 사람들은 대개 사교적이고, 새로운 만남을 즐기며, 활동적인 스포츠를 즐기는 경향이 있다.

반면, 내향인에게 있어 외부 자극은 에너지를 충전해주기는커녕 에너지를 갉아먹어 소진하는 방해 요인일 뿐이다. 내향인은 태생적으로 정신적으로나 신체적으로나 예민한 경향이 있기 때문에 외부 세계에서 오는 미세한 자극조차 부담으로 느낄 수 있다. 그래서 다른 사람들과의 짧은 상호작용만으로도 '기가 빨리는' 일이 많다. 이 이야기는 결국 내향인과 외향인은 인간으로서 온전하게 기능하기 위한 자극 수준이 다르다는 것을 의미한다.

정신적 에너지가 흐르는 방향, 그리고 외부 자극에 대한 선호, 이 두 차이점이야말로 내향성과 외향성을 결정짓는 핵심 요인이다. 그리고 이로 인해 우리가 흔히 알고 있는 내향인과 외향인의 차이점이 생겨난다.

외향인과 내향인의 전혀 다른 관계 맺는 방식

에너지의 지향점과 외부 자극에 대한 선호 차이가 만들어 내는 가장 큰 차이점은 관계를 맺는 방식이다. 내향적인 사람들에게 있어 '관계'라는 것은 참으로 양면적이다. 내향인은 안정감 있고 친근하면서도 진지한 관계를 원한다. 그와 동시에 혼자만의 시간과 공간을 필수적으로 확보해야만 한다. 내향적인 사람은 내적으로 충만한 삶을 원한다. 그러다 보니 자신의 내면에서 안정감이 확보되어야 외부 세계로 한 걸음 다가갈 수 있다. 혼자만의 시간 속에서 에너지를 충전한 후 바깥으로 나가는 것이다.

내향적인 사람은 외부 자극이 자신의 에너지를 빼앗아 간다는 것을 알고 있기 때문에 외부 세계로 나아갈 때면 언제나 조심스럽다. 게다가 내향적인 사람에게는 친구든 연인이든 한 사람 한 사람이 하나의 거대한 우주처럼 느껴져 항상 조심스럽고 천천히 다가간다. 너무나도 거대한 존재여서 그 사람 한 명을 깊게 알아가는 것만으로도 충만하고 즐겁다. 그리고 한번 관계를 형성하면 그 관계에 오롯이 집중해 오랫동안 유지하려고 노력한다. 사람들은 이런 모습을 보고 인간관계에 서투르다고 평가하기도 하고, 신중하다고 평가하기도 한다.

외향적인 사람들에게 관계란 에너지 충전소와 같다. 그들은 자신의 에너지를 밖으로 분출하며 다양한 외부 자극과 상호 작용하고 싶어 한다. 그렇기 때문에 좁고 깊은 관계를 만들기보다는 최대한 다양한 사람들과 넓은 관계를 맺으려 하는 경향이 있다. 주변을 둘러싼 한 사람 한 사람의 내면에 모두 집중하기보다는 그들로부터 오는 자극에 초점을 맞추고 수다와 대화를 즐긴다. 새로운 사람을 만나 수다를 떠는 것은 그들에게 있어 더할 나위 없는 에너지 충전 소재이다. 외향적인 사람들은 파티나 네트워킹 모임 등 낯선 사람을 만나는 자리를 두려워하지 않으며 새로운 환경에도 곧잘 적응하는 편이다. 사람들은 이런 모습을 보며 인간관계에 능숙하다고 생각하면서도 그 사람의 인간관계가 얼마나 깊은지 의문이 들 때가 있다.

이러한 차이를 직관적으로 이해하려면 비행기와 헬리콥터를 떠올려 보면 된다. 내향인은 비행기 형 인간이다. 비행기는 날아오르기 위해서 긴 활주로를 달려 천천히 속도를 올린 후 이륙한다. 한번 이륙하고 나면 안정적으로 순항한다. 이처럼 내향인은 관계를 맺거나 뭔가에 관심이 생기기까지 시간이 오래 걸리지만 한번 방향성이 정해지면 끈기 있게 파고드는 경향이 있다. 그리고 목적지를 향해 꾸준히 날아가는 비행기처럼 우직하게 나아간다. 반면 외향인은 헬리콥터 형 인간이다. 그들은 내향인처럼 날아오르기 전에 활주로를 달리며 속도를 올릴 필요 없이 수직으로 바로 날아오를 수 있다. 이는 뭔가 생각이 미치면 바로 행동으로 옮기는 외향인의 행동력과 유사하다. 빌딩 숲을 요리조리 비행하는 헬리콥터의 모습은 마치 파티 장소를 헤엄치듯 돌아다니는 외향인의 모습을 연상케 한다.

내향성과 외향성은 공존한다

내향성과 외향성을 이해하는 과정에서 절대 오해해서는 안 되는 것이 있다. 융은 내향성과 외향성을 대립하는 관계로 정의하지 않았다. 다시 말해 내향성과 외향성은 수평선의 양쪽을 의미하는 개념이며, 사람의 선천적 기질은 이 연속 선상의 어딘가에 위치한다. 따라서 우리가 흔히 말하는 내향성을 '100% 내향적'이라고 생각하면 곤란하다. 수평선에서 내향성에 조금이나마 더 가까운 사람은 모두 '내향적인 사람'의 범주에 들어간다. 또한, 융은 100% 외향적인 사람이나 100% 내향적인 사람은 존재하지 않는다고 생각했다. 다시 말해 누구에게나 내향적인 면과 외향적인 면이 공존한다는 뜻이다.

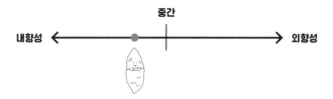

가령, 위의 수평선은 상대적으로 내향성에 가까운 사람을 표현한 것이다. 중간 지점은 내향성과 외향성의 수준이 정확하게 동등한 지점을 나타낸다. 내향성이 다소 강한 이 사람은 자신의 내면에 집중하고, 혼자 있는 시간을 무서워하지 않을 것이다. 동시에 이 사람에게는 외향적인 면도 제법 있을 것이다.

최근에는 위와 같은 사람을 묘사하기 위해 '양향성'이라는 용어가 사용되기 시작했다. 독일 출신의 영국 심리학자 한스 아이젠크는 1979년 '내향성-외향성'에 대한 성격검사에서 상당한 수의 사람들이 한쪽으로 크게 치우치지 않고 내향성과 외향성을 엇비슷한 수준으로 유지하는 것에 주목했다.

그는 앞의 수평선 중간 즈음에 해당하는 내향성과 외향성의 중립지대를 '양향성ambiversion'으로 정의하고, 이 영역에 해당하는 사람들을 '양향인ambivert'이라고 불렀다.

양향성이라는 개념 자체는 아이젠크 이전에도 많은 심리학자 사이에서 언급된 바 있었다. 최근 들어 내향성과 외향성의 장점만을 적절히 조합해서 비즈니스와 대인 관계를 더 성공적으로 이끌기 위한 연구들이 진행되면서, 양향성이 점차 비중 있게 다뤄지고 있다.

조직심리학자인 펜실베이니아 대학교 경영대학원 와튼 스쿨의 애덤 그랜트 박사는 대표적인 양향성 연구자로, 연구 결과 전체 사람의 절반 이상이 양향성이라고 밝혔다. 동시에 이들이 자신의 성격 중 어떤 면으로 상황을 이끌어나가야 할지 판단하는 데 어려움을 겪을 수 있다고 설명했다. 양향인들은 자신이 원하는 바를 빨리 파악하기 어렵다는 의미이다. 이는 내향적이거나 외향적인 사람들이 자신이 원하는 것을 빨리 파악할 수 있는 것과는 대조적인 단점이다.

내향성의 다양한
성격 모델

　현대 성격심리학에서 가장 영향력 있는 성격 모델 중 하나는 성격 5 요인 이론에 근거한 '빅 파이브Big 5' 모델이다. 많은 심리학자는 1960년대부터 보다 과학적인 측정 도구를 활용해 다양한 표본을 대상으로 성격 연구를 진행했고, 반복적으로 나타나는 다섯 가지 성격 요인을 찾아냈다. 1981년 루이스 골드버그는 '성격 5 요인 이론'을 집대성하면서 그동안의 연구에 크게 기여한 폴 코스타와 로버트 맥크래가 정의한 명칭을 따서 성격 5 요인을 '외향성Extraversion, 신경성Neuroticism, 성실성Conscientiousness, 친화성Agreeableness, 개방성Openess'으로 지칭했다.

빅 파이브 모델은 인간 성격에 대한 연구 중 가장 포괄적이며 경험적으로 증명된 연구라고 할 수 있다. 다양한 표본 집단을 여러 측정 도구를 통해 반복적으로 검증했을 뿐 아니라, 성격 5 요인이 서로 다른 문화권에서 일관성 있게 발견되고 있다는 점에서 타당성을 확보하고 있다.

그렇다고 이 빅 파이브 모델이 완벽한 것은 아니다. 대표적인 성격 이론으로 널리 쓰이는 만큼 많은 비판도 제기되고 있는데, 가장 큰 비판은 객관적 이론의 기반이 빈약하다는 것이다. 성격 5 요인은 심리학적, 생물학적 기반에서 도출한 결과물이 아니라 성격을 표현하는 문장과 단어에 대한 해석의 결과물이다. 가령 외향성이라는 특성은 보편적인 개념인 만큼 대부분의 문화에서 외향성을 의미하는 어휘가 존재하는데, 빅 파이브 모델의 '외향성' 요인은 이러한 어휘들을 모아 요인 분석을 수행한 것이다. 심리학적, 생물학적 기반이 다소 취약하다는 점은 어찌 보면 연구자의 주관이 개입될 여지가 크다는 위험성을 내포하고 있다.

실제로 빅 파이브 모델이 바라보는 외향성과 내향성에 대한 시각은 상당히 편중되어 있다. 기본적으로 이 모델에서는 내향성을 단순히 외향성의 반대 개념으로 간주하고 있다. 이는 내향성이라고 하는 거대한 개념을 너무 뭉뚱그려서 이해하는 오류를 낳을 수 있다. 무엇보다 내향적인 사람은 외향성이 부족하기 때문에 부정적이라는 인식을 심어줄 우려가 있다. 따라서 내향성을 조금 더 구체적으로 이해하기 위해서는 빅 파이브 모델보다는 다음에 소개하는 두 모델에 관심을 가질 필요가 있다.

조나단 칙의 STAR 분류 :
사회성, 사고에 대한 집중, 불안, 절제

성격심리학자 조나단 칙과 그의 동료들은 '사회성Social, 사고에 대한 집중Thinking, 불안Anxious, 절제Restrained', 이렇게 네 요소를 내향성의 구체적 성격 요인으로 설정했다.

'사회형 내향성'은 가장 일반적인 내향성의 개념과 유사하다. 사람과 어울리는 것을 좋아하지만, 다수의 인원이 모이는 모임보다는 소수의 친한 친구들과 어울리는 것을 선호한다. 이는 낯을 가리거나 수줍음이 많아서가 아니다. 단지 소통의 측면에 있어서 그 범위가 제한적이기 때문이다. 이들은 혼자가 되는 것에 크게 불안해하지 않는다.

'사고형 내향성'은 자신의 내적세계에 집중하는 정도가 대단히 큰 유형이다. 이들은 사색과 분석을 즐기기 때문에 주변 환경과의 소통에 큰 관심이 없다. 대신 풍부한 상상력과 창의력을 바탕으로 머릿속에서 많은 것을 상상하고 구상한다.

'불안형 내향성'은 타인과의 관계에서 불안함을 크게 느끼는 유형이다. 대인관계를 이끌어 가는 기술이 다소 부족해 다른 사람과의 관계에서 때때로 불편함을 느끼며 혼자 있고 싶어 하는 경우가 많다. 그리고 최악의 경우를 자꾸 예측하고 그것에 대해 반복적으로 생각하는 경향이 있다.

'절제형 내향성'은 느리게 사고하고 행동하는 유형이다. 이들은 말이나 행동을 통해 외부 세계와 접촉하기 전에 충분히 심사숙고하고 싶어 한다. 그래서 모든 것이 빠르게 돌아가는 자리를 선호하지 않으며, 결과적으로 매우 느리게 움직이는 것처럼 보인다.

내향인의 프로파일 IntroDNA© 모델

독일의 저명한 커뮤니케이션 코치 도리스 메르틴 박사는 그녀의 저서 《혼자가 편한 사람들》에서 내향인에 대한 새로운 구분 방식을 제시하였다. 그녀는 대인관계에 있어 자신감이 있는지 없는지, 그리고 내향인의 행동 양식이 이성적인지 감성적인지에 따라 내향성을 4가지 유형으로 분류하여 내향인의 프로파일

IntroDNA©(내향인 DNA©) 모델을 만들었다. 그녀의 홈페이지 www.dorismaertin.de에 공개되어 있는 IntroDNA© 모델은 다음과 같다.

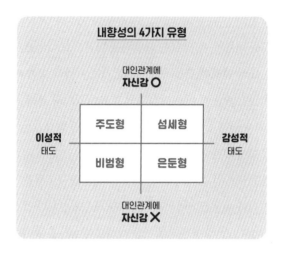

메르틴 박사는 대인관계에 자신감이 있고 이성적으로 행동하는 내향인을 '주도형Mastermind', 대인관계에 자신감이 있으며 감성적으로 행동하는 내향인을 '섬세형Super-sensible'으로 명명하였다. 그리고 대인관계에 자신감이 없으며 이성적인 내향인을 '비범형Nerd'으로, 대인관계에 자신감이 없고 감성적으로 행동하는 내향인을 '은둔형Cocooner'으로 명명하였다.

'주도형 내향인'은 대인관계에 자신감도 있고, 항상 이성을 잃지 않으며, 사려 깊고 책임감이 강한 타입이다. 자주적이고 독립적인 이들은 냉철한 이성을 바탕으로 그들의 삶을 만들어 간다. 메르틴 박사에 따르면 독일의 수장 메르켈 총리가 이 유형에 속한다.

'섬세형 내향인'은 탁월한 관찰력을 바탕으로 대인관계를 이끈다. 이들의 예리한 관찰력은 인간관계뿐 아니라 삶과 예술 등에 걸쳐 있기 때문에 매우 감성적인 것이 특징이다. 외부 변화에 예민하기에 쉽게 상처받기도 한다. 덴마크의 동화작가 안데르센이 이 유형에 해당한다.

'비범형 내향인'은 매우 이성적이며, 뛰어난 사고력을 지니고 있다. 그러나 대인관계에서는 약한 모습을 보인다. 자기 영역에서는 비범하지만 대인관계에 서툴기 때문에 고독을 즐기는 괴짜처럼 보이기도 한다. 메르틴 박사는 세계 최고의 부자 빌 게이츠를 이 유형으로 분류한다.

'은둔형 내향인'은 매우 감성적이며 대인관계를 부담으로 느끼는 사람들이다. 이들은 심리적으로 가까운 사람들과 있을 때 가장 큰 편안함을 느끼며 다른 사람들 앞에 나서는 것을 극도로 싫어한다. 이들은 서열이 명확하고, 본인이 수행해야 하는 일이 확실하게 규정되어 있는 상황에서 안정감을 느낀다. 메르틴 박사는 영국의 윌리엄 왕세손이 이 유형에 해당한다고 말한다.

다양성에 대한 이해

STAR 모델과 IntroDNAⓒ 모델은 모두 내향인과 내향성을 보다 깊이 있게 이해하기 위해 고안되었다. 이렇게 구체적인 모델로 내향성을 바라보면 세상에는 매우 다양한 내향인의 형태가 존재함을 알 수 있다. 겉으로 보기엔 모두 조용한 내향인처럼 보이지만, 각각의 내향인은 모두 다르다. 이러한 다양성을 확실하게 인지하지 못하면, 내향인과 내향성을 너무나 단순하게 바라볼 우려가 있다. 실제로 빅 파이브 모델의 취약점이 이런 점이다.

이러한 우려는 비단 외향인에게 국한된 것이 아니다. 내향인 또한 다른 내향인을 바라볼 때 모두 나와 유사하게 생각하고 행동할 것으로 착각하기 쉽다. 그리고 이렇게 착각하기 시작하면 나와 다른 생각과 행동을 봤을 때, 그것을 있는 그대로 받아들이지 못하고 오해하게 된다.

따라서 내향인의 여러 유형을 천천히 살펴보면서 각 유형이 어떤 차이가 있는지, 나와 비슷한 유형의 특징은 무엇인지 알아보길 권한다. 다만 자신을 너무 억지로 특정한 유형으로 분류하지 않도록 주의해야 한다. 억지로 끼워 맞추다 보면 나에게 존재하는 여러 다른 면을 외면하게 된다. 그리고 이러한 경험은 결국 자신의 성장 가능성을 제한하는 것으로 이어질 수 있다.

내향인을
행복하게 만드는
아세틸콜린

어느 화창한 토요일 오전, 조금 늦게 잠에서 깨어 따뜻한 차를 한 잔 마신다. 대학교 친구와 만나기로 했던 약속이 바로 전날 취소되었고, 특별히 할 일도 없다. 집에서 혼자 넷플릭스도 보고, 책도 읽어야겠다고 생각한다. 나를 방해하는 것은 아무것도 없으며 나만의 작은 공간은 평화롭기 그지없다. 바로 이런 하루가 내향인이 행복을 느끼는 전형적인 순간이다.

이때 느끼는 기분, 즉 안정감, 평화로움, 평온함 등은 신경전달물질인 아세틸콜린 때문이다. '신경전달물질'이란 뇌의 신경세포인 뉴런과 뉴런이 연결되는 부위인 시냅스에서 분비되는 화학

물질을 말한다. 현재까지 알려진 40여 종 이상의 신경전달물질 중에서 내향인에게 특히 중요한 물질은 아세틸콜린이다. 아세틸콜린의 주요 기능은 이완과 억제의 효과를 내는 부교감 신경을 활성화하고 혈압과 맥박을 감소시키는 것이다.

아세틸콜린은 내향인에게 있어 사회생활을 위해 입었던 외향성의 갑옷을 무장 해제하는 역할을 하고, 차분하게 맑은 정신을 유지할 수 있도록 돕는다. 자신만의 아지트 같은 카페에서 조용히 글을 쓰는 행위 등은 아세틸콜린 분비를 유도한다. 그래서 내향적인 사람은 아세틸콜린을 얻기 위해 정적이고 차분한 활동에 참여하려고 한다. 그리고 이로 인해 행복감을 느낀다.

반면 외향인은 짜릿함을 주는 활동, 예를 들어 록 페스티벌에 참여하거나 익스트림 스포츠를 하면서 행복을 추구하는 경향이 있다. 이 또한 신경전달물질 때문이다. 외향인의 행복 추구 방식을 이해하고자 할 때 가장 핵심적인 물질은 '쾌락의 시그널'이라는 별명을 가진 도파민이다. 도파민은 정서적 각성, 쾌락, 욕망, 주의 집중과 같은 기능에 영향을 미치는데, 도파민이 분비되면 쾌감을 느끼게 된다.

뇌 과학자인 제이슨 코프먼은 외향적인 사람은 내향적인 사람에 비해 도파민에 둔감하기 때문에 동일한 수준의 쾌감을 느끼기 위해서는 더 많은 양의 도파민이 필요하고, 따라서 더 많은 활동을 해야 한다고 말한다. 어떻게 이런 차이가 생겨났을까?

더 많은 도파민을 추구하는 외향인

인간의 내면을 깊게 이해하기 위해서는 인간의 외적 측면이라 할 수 있는 사회적 요인과 인간의 내적 측면인 생물학적 요인을 분석해야 한다. 즉, 뇌에 대한 이해가 필요하다.

뇌는 기본적으로 인간의 중추 신경계를 관장하는 기관이다. 인간의 뇌는 임신 4주 차까지 배아(정자와 난자가 합쳐진 접합체가 세포분열을 시작한 시기부터 완전한 개체가 되기 전까지의 발생 초기 단계) 시기에 전뇌, 중뇌, 후뇌를 형성하고, 그 이후 시간이 흐르면서 세부적인 기관으로 발달하게 된다.

주요 부위	하위 부위	주요 구조물
전뇌	종뇌	대뇌피질, 기저핵, 변연계
	간뇌	시상, 시상하부
중뇌	중뇌	중뇌개, 중뇌피개
후뇌	후뇌	소뇌, 교
	수뇌	연수

[출처 : 현대 심리학 입문 2판, 학지사, 현성용 외]

복잡한 뇌의 여러 구조물 중 가장 먼저 살펴봐야 하는 부분은 바로 '변연계Limbic system'이다. 변연계는 감정의 중추로 편도체, 해마 등의 기관을 포함하며, 정서적 반응과 감정을 조절하는 것과 더불어 학습과 기억, 그리고 동기부여에 관여한다.

많은 뇌과학자가 연구한 결과에 따르면 내향적인 사람들은 외향적인 사람들에 비해 변연계와 관련 있는 욕망, 즉 보상에 대한 기대감과 성적 흥분 등 다양한 감정을 더 잘 참아 낸다고 한다. 반면 외향적인 사람들은 변연계가 관장하는 감정, 정서, 동기 측면에서의 욕망에 더 쉽게 굴복한다. 이런 차이가 나타나는 이유는 '도파민 수용체'의 민감성이 서로 다르기 때문이다.

외향적인 사람들은 도파민 수용체가 상대적으로 둔감하기 때문에 어떤 감정이나 감각을 느끼기 위해서는 상대적으로 더 많은 도파민을 필요로 한다. 그렇기 때문에 더 많은 외부 활동을 하고 짜릿한 스포츠를 찾아 헤맨다. 반면, 내향적인 사람들의 도파민 수용체는 상대적으로 민감하다. 같은 양의 외부 자극으로도 내향인은 훨씬 더 큰 영향을 받으므로 굳이 익스트림 스포츠에 도전하거나 많은 사람의 이목을 끌 필요가 없다. 잔잔한 일상생활 속에서도 필요한 양의 도파민을 충분히 얻을 수 있기 때문이다. 끊임없이 도파민을 추구하는 외향인과는 달리 내향인은 자극적인 도파민과 거리를 두려고 한다.

　내향인이 도파민 대신 찾는 것은 아세틸콜린이다. 도파민 수용체가 매우 민감한 내향인들은 약간의 자극에도 쉽게 압도당한다. 자극이 너무나 강렬하게 느껴져 좋다 못해 불안해지는 것이다. 내향인들의 뇌는 이런 불안한 기분을 완화할 수 있는 아세틸콜린을 필요로 한다. 자극으로 가득 찬 사회에서 생활하며 신경이 곤두선 내향인에게 아세틸콜린은 마음의 안정감을 가져다주는 고마운 존재이다.

내향인과 외향인의 서로 다른 행복 추구 방식

　이제 우리는 외향적인 사람의 행동 패턴과 내향적인 사람의 행동 패턴이 왜 다른지 과학적 증거를 댈 수 있다. 애초에 그렇게 태어난 것이다. 외향적인 사람은 선천적으로 프로그래밍된 도파민 수용체가 둔감하기 때문에 더 많은 외부 자극을 찾고 받아들여야 행복감을 느낀다. 반대로, 내향적인 사람은 처음부터 그렇게 많은 자극이 필요하지 않도록 태어났다. 과도한 도파민에서 벗어나려는 내향인은 상대적으로 정적인 활동에 집중하며, 아세틸콜린을 통해 행복을 만끽한다.

이런 사실을 이해하면 외향인과 내향인은 각자가 행복을 추구하는 방식이 다를 수밖에 없다는 점을 깨닫게 된다. 서로를 이해 못 할 존재로 여기며 오해하는 경우 또한 줄어든다. 적어도 '도대체 저렇게 시끄러운 록 페스티벌에 왜 가는 거지? 정신 사납지 않나?', '아니 어떻게 온종일 집에 있을 수 있지? 지루하지 않나?'와 같은 의문은 더 이상 떠오르지 않게 된다.

내향인과 외향인의 행복 추구 방식과 행동 패턴이 다른 것은 선천적인 차이일 뿐이다. 그저 각자가 추구하는 방식이 서로 다를 뿐 우열 관계가 존재하지 않는다. 단지 타고난 기능의 차이로 발생하는 행동 패턴의 차이라는 점을 명심해야 한다.

이성적인 내향인,
감각적인 외향인

　1999년 데브라 존슨 박사를 비롯한 연구진은 피실험자를 내향인과 외향인 두 그룹으로 분류한 후 PET(양전자 방출 단층촬영) 기법을 활용해 대뇌 혈류를 관찰하였다. 그 결과, 대단히 의미 있는 사실을 발견했다. 내향인과 외향인의 두뇌에서 혈액이 이동하는 경로가 달랐던 것이다.

　먼저 내향적인 사람의 뇌에는 브로카 영역을 비롯한 전두엽 등에서 다른 구역 대비 많은 혈류량이 관찰되었다. 이곳은 체계적으로 계획을 세우고, 문제를 이성적으로 판단하고, 사건을 기억하는 능력을 담당하는 곳이다. 내향적인 사람은 외부 자극보다는 자신의 내면에 더 집중하기 때문에 혈류가 기억, 계획, 고민 등 내적 경험을 관장하는 관련 부위로 흐르는 것이었다. 그리고 이 혈류 경로는 매우 복잡하고 길었다.

반면 외향적인 사람의 뇌에서는 혈액이 후각을 제외한 나머지 감각을 담당하는 두뇌 영역으로 흐르는 것을 알 수 있었다. 인간의 내면세계에 집중하는 내향인과는 다르게 외부 세계에서 오는 감각적 자극에 집중하기 때문이다. 혈류 경로의 길이 또한 내향인과는 다르게 상대적으로 짧고 단순했다.

이렇게 서로 다른 혈액 이동 경로에는 서로 다른 신경전달물질이 타고 흐른다. 앞서 살펴본 도파민과 아세틸콜린이 바로 그것이다. 다시 말해 내향인의 뇌 속 주요 혈류 경로에는 아세틸콜린이 지배적이며, 외향인의 뇌 속 주요 혈류 경로에는 도파민이 지배적이다.

내향인과 외향인은 기억하는 방식도 다르다

신경전달물질이 타고 흐르는 혈류의 경로 차이가 있다는 것은 한 가지 중요한 차이점을 만든다. 바로 기억력이다. 내향인의 혈액은 척수에서 자극이 흡수된 뒤 해마를 거쳐 편도체로 흘러

간다. 이 해마는 인간의 기억 과정에 있어서 결정적인 역할을 하는 기관으로, 특히 주변 환경에 조응하여 장기적 기억을 되살려낸다. 이에 비해 외향인의 주요 혈액 이동 경로에 위치한 측두의 운동 근육 신경은 단기적 기억과 연관되어 있다. 즉 내향인의 기억 방식은 상대적으로 장기적인 형태이며, 외향인의 기억 방식은 상대적으로 단기적인 형태이다.

기억 방식이 장기적인 것에는 장단점이 있다. 우선 오래된 과거의 데이터를 쉽게 되살릴 수 있으므로, 현재 시점에서 어떤 결정을 내리고 판단을 내릴 때 이성적일 수 있다. 왜냐하면 과거의 성공과 실패 경험을 판단 근거로 활용할 수 있기 때문이다. 이것은 동시에 내향인이 '쿨' 하지 못한 이유가 되기도 한다. 오래된 사건들을 기억에 떠올릴 때면 사건의 경위뿐 아니라 그 당시 느꼈던 감정들까지 모두 생생하게 떠올릴 수 있기 때문이다. 또한, 장기 기억력을 활용한다는 것은 정보가 상대적으로 느리게 전달된다는 의미이기도 하다. 이런 이유로 내향적인 사람은 뭔가 말을 하려고 할 때 때때로 말문이 막히기도 하고, 외향적인 사람에 비해 말이 느린 것처럼 보일 때도 있다.

외향인의 단기적 기억 방식은 어떤 장단점이 있을까? 비교적 단기적 기억에 집중한다는 것은 과거의 성공과 실패에 덜 연연하며 현재의 감각적 정보 처리에 더욱 집중하고, 한번 결정을 내렸을 때 바로 행동으로 옮길 수 있다는 의미이다. 어찌 보면 외향적인 사람들이 말을 많이 하는 이유도 단기적 기억 방식에 집중한다는 사실과 무관하지 않을 것이다. 오래전 말실수했던 기억들이 외향인을 괴롭히지 않을 테니 말이다. 한마디로 외향인은 내향인 보다 더 '쿨' 한 것이다. 그러나, 단기적 기억 방식이 무조건 장점만을 지닌 것은 아니다. 과거의 성공과 실패에 크게 개의치 않는 점은 즉흥적인 판단으로 이어질 수 있고, 오랜 연인과의 기념일처럼 중요하지만 오래된 사실을 잊어버리기 쉬울 수 있다.

작은 자극에도
예민하게 반응하는
내향인

태어난 지 100일을 맞은 한 아기가 있다. 이 아기는 천장에 매달린 모빌을 보며 유난히 팔다리를 많이 휘두르고 모빌의 움직임 하나하나에 소리를 지르고 까르르 웃는다. 이 아기는 커서 외향적인 어른이 될까? 내향적인 어른이 될까?

답은 '내향적인 어른이 될 확률이 높다'이다. 그 이유는 바로 변연계 속 편도체라는 기관에 의해 만들어지는 '반응성' 때문이다. 이와 관련하여, 발달심리학의 대부 제롬 케이건 교수의 연구를 살펴보자.

케이건 교수와 그의 연구팀은 아동의 인지 발달에 대해 종적 연구(동일 집단을 연속적인 시간 간격을 두고 관찰하는 연구 형태)를 수행했다. 태어난 지 4개월 된 갓난아기 500명을 모아 외부의 자극에 반응하는 정도에 따라 분류한 후, 유아기부터 청소년기까지 성장 과정을 추적 연구하면서 아동의 정서와 인지 발달을 연구하고 성격을 기록하였다. 형형색색 모빌에 의한 시각적 자극, 풍선이 터지는 소리를 통한 청각적 자극, 알코올이 묻은 면봉에 의한 후각적 자극을 주면서 아기들이 어떻게 반응하는지를 관찰한 결과, 목청껏 울고 온몸을 휘저으며 적극적으로 반응하는 '고반응' 그룹은 전체의 약 20%였다. 반면, 별로 울지 않고 평온한 상태를 유지하며 조용하게 있는 '저반응' 그룹은 전체의 약 40%였다. 나머지 40%는 적당히 울고 적당히 반응하는 중간 그룹으로 분류되었다.

이후 2~3년 간격으로 후속 실험을 진행하면서 처음 보는 아이들과 쉽게 잘 어울리는지, 광대 분장을 한 어른을 보았을 때 어떻게 반응하는지, 다른 아이들과의 관계에서 얼마나 많이 웃는지 등을 살펴보았다. 그 결과, 어릴 때 외부 자극에 적극적으로 반응하던 '고반응' 그룹은 차분하고 조심스러운 내향적인 성격으로 자라나는 경우가 많았지만, 외부 자극에 대한 반응이 소극적이었던 '저반응' 그룹은 느긋하고 자신감 있는 외향적인 성격으로 자라나는 경향이 있었다.

일견 지금까지 살펴본 내용과 다르다고 생각할 수 있다. 그러나 외부 자극에 적극적인 반응을 보였던 고반응 그룹의 아이들은 도파민 수용체가 둔감해 외부 자극을 더 필요로 했던 것이 아니라, 도파민 수용체가 예민해 같은 자극을 받아도 훨씬 적극적으로 반응했던 것이다. 마치 내향적인 어른과 외향적인 어른이 함께 시끌벅적한 파티에 참석했을 때 내향적인 어른이 느끼는 자극의 수준이 훨씬 더 큰 것처럼 말이다.

어릴 때는 매우 산만하다는 평가를 받던 학생이 성장할수록 조용하고 혼자 있기를 선호하게 되는 경우는 매우 흔하다. 많은 사람은 이런 모습을 보며 외향적인 아이가 나이를 먹어 내향적으로 변한 것으로 생각한다. 그러나 이것은 명백한 오해이다. 그 아이는 원래부터 내향적이었고, 외부 자극에 예민하게 반응하던 모습이 마치 외향적인 것처럼 보였을 뿐이다.

반응성의 차이를 만드는 편도체

이러한 반응성의 차이는 어디서 기인하는 것일까? 이것 역시 변연계 내부에 존재하는 편도체 때문이다. 편도체는 일종의 감정 스위치로 공감, 두려움 등 감정을 위한 정보를 받아들여 신경계에 전달하는 역할을 한다. 공감 능력이 매우 떨어지는 아스퍼거 신드롬 환자들은 편도체의 기능이 상대적으로 원활하지 않다는 연구 결과가 있으며, 피실험자들에게 낯선 사람의 사진을 보여주고 피실험자의 뇌가 어떻게 반응하는지 MRI로 검사한 실험에서 부끄러움을 많이 느끼는 사람들의 편도체 기능이 그렇지 않은 사람보다 훨씬 활성화되어 있다는 것이 발견되었다.

편도체의 기능 관점에서 보면 내향성과 외향성은 외부 위협에 대한 '방어 센서'라고 볼 수 있다. 제롬 케이건 교수는 편도체에 따라서 신생아가 사람, 물체, 소리와 같은 낯선 자극과 접촉했을 때 반응하는 수준이 다를 것이라 가정했고, 그 가정은 사실로 드러났다. 편도체의 역치가 낮을수록, 즉 자극에 더 쉽게 반응할수록 심장 박동이 가빠지고, 동공이 확장되며 스트레스 호르몬이 더 많이 분비된 것이다. 반응성이 높은 고반응의 내향적 사람들이 외부 활동을 선호하지 않는 이유가 바로 여기에 있다.

쿨 하지 못해 미안해

내향성을 다룬 수잔 케인의 저서 《콰이어트》를 읽다 보면 매우 흥미로운 연구가 언급된다. 성격적 특성을 확인하기 위해 강한 자극과 강렬한 감정에 대해 피실험자들이 땀을 얼마나 흘리는지 실험한 결과 반응성이 높은 내향적인 사람들은 반응성이 낮은 외향인들 보다 땀을 더 많이 흘렸다. 외향인들의 피부는 상대적으로 더 두꺼워서 자극에 둔감했고, 더 시원했다. 한마디로 외향인들은 애초에 더 '쿨' 하게 태어난 것이었다. 이런 연구 결과를 보면 외향적인 사람이 쉽게 말하는 "그냥 쿨 하게 넘겨버려."라는 주문이 내향적인 사람에게는 얼마나 어려운 것인지 알 수 있다.

성격 특성 연구에 지대한 공헌을 한 심리학자 한스 아이젠크가 시행한 레몬즙 실험도 흥미롭다. 그는 혀 위에 레몬즙을 떨어뜨렸을 때 민감한, 즉 내향적인 사람과 둔감한, 즉 외향적인 사람의 침 분비량이 다를 것이라 가정했다. 실험 결과, 실제로 내향인들은 외향인들 보다 침의 분비량이 약 50% 이상 더 많았다.

하물며 레몬즙 한 방울에도 외향인 보다 50% 이상 강렬하게 반응한다면 록 페스티벌, 클럽 같은 공간에서 느껴지는 자극에 대해서는 얼마만큼의 차이가 있겠는가? 내향인과 외향인은 이렇게나 다르게 태어났다. 그러니 선천적으로 타고난 유전적 특징을 타인에게 강요하는 과오를 범해서는 안 될 일이다.

나는 얼마나 내향적일까? ✦

☐ 미래에 대해 무작정 긍정적으로 생각하기보다는 여러 방향의 시나리오를 생각해보려고 한다.

☐ 가끔 나 자신을 너무 몰아붙여 지쳐버릴 때가 있다.

☐ 상대방이 고민을 상담해 왔을 때, 상대방이 나를 통해 위로받지 못한 것 같으면 마음이 불편하다고 느낀다.

☐ 때때로 아주 오래된 기억을 떠올린다. 단순한 사건의 나열뿐 아니라 그 당시 내가 느꼈던 감정들까지도 생생히 떠올릴 수 있다.

☐ 강의를 들을 때 질문이 생겨도 굳이 강의 중에 말하기보다는 강의 종료 후 개인적으로 물어보는 것을 선호한다.

☐ 하고 싶은 말을 하려다가도 상대방의 반응이 걱정되어 그냥 말하지 않고 참아버리는 경우가 잦다.

☐ 모임 또는 행사가 전날 취소되면 아쉬움보다 안도감을 더 크게 느낀다.

☐ 내 성공의 결과와 성취를 남들에게 이야기하는 것은 쑥스럽다. 굳이 먼저 말하지 않아도 다른 사람들이 알아봐 주길 바란다.

☐ 보고서를 작성할 때 중간에 공유하기보다는 완전히 끝마친 뒤 논의하고 싶다.

☐ 생일이나 크리스마스에 혼자 있는 것이 별로 이상하거나 어색하지 않다.

* 이 체크리스트는 수많은 성격에 대한 연구에서 보편적으로 인정하는 내향성의 특성을 바탕으로 작성한 것으로, 체크된 항목이 많으면 많을수록 내향성이 높다.

Chapter 3

다른 것뿐,
틀린 건 아니야

"대체로 내향적인 인간은 내향적인 인간과,

외향적인 인간은 외향적인 인간과 잘 사귄다.

그것은 마음이 우선 편하고 이해하기 쉽기 때문이다.

그러나 마음이 편하다는 상태는 자기 자신의 성장을 위하여

좋은 상태는 아니다."

- 디오도어 루빈

내향인을 둘러싼
오해와 진실

내성적인 사람을 생각하면 어떤 이미지가 먼저 떠오르는가? 말이 없어 옆에서 보면 도대체 무슨 생각을 하는지 모르겠는 사람? 리더보다는 팔로워가 더 잘 어울리는 사람? 친구가 별로 없고 부끄러움을 많이 타는 사람?

그런데 정말 내향적이면 말이 없고 부끄러움이 많아 리더가되기 힘든 걸까? 사실 이러한 이미지는 내향성에 대한 선입견으로부터 비롯한 것이다. 지금부터 내향인에 대한 커다란 오해와진실을 하나씩 파헤쳐보자.

1. 내향인은 수줍음이 많다?

No! 수줍음은 태도이다. 분명 내향적인 사람들이 수줍어하는 태도를 보이는 경우가 흔하지만 그렇다고 해서 내향적인 사람들 모두가 수줍음이 많다고 할 수는 없다. 내향성은 지금까지 살펴 보았듯 타고나는 기질이다. 그에 비해 수줍음은 타인과의 상호 작용에서 긴장감을 느끼거나 어색해할 때 보이는 태도이다. 바꿔 말하면 외향적인 사람들도 그들이 어려워하는 사람들과의 관계에서는 충분히 수줍어한다.

《콰이어트》의 작가 수잔 케인은 '수줍음'이란 '대인관계에서 인정받지 못하는 것에 대한 걱정으로부터 생겨나는 것'이라고 설명한다. 이 또한 특정 상황에서 나타나는 태도라는 의미이다. '내향성은 기질, 수줍음은 태도'라는 개념을 확실히 이해하면 수줍음이 내향성, 외향성을 가리지 않고 나타난다는 점을 명확히 알 수 있다. 수줍음이 태도라는 사실은 수줍음은 노력을 통해 충분히 극복할 수 있다는 점을 시사한다.

2. 내향인은 낯가림이 심하다?

No! 낯가림은 일종의 판단 기제이다. 본래 낯가림은 유아기 시절에 애착을 형성해 가는 과정에서 주 양육자 이외의 사람을 꺼리는 모습이다. 즉, 낯을 가린다는 행위는 어린아이가 안정감을 느낄 수 있는 사람과 그렇지 않은 사람을 구별하고, 그렇지 않은 사람에게 거리를 두는 것이다. 자기 보호를 위한 낯가림은 수줍음과 마찬가지로 내향인, 외향인을 가리지 않는다.

실제로 다카시마 미사토가 쓴 《낯가림이 무기다》라는 책에 실린 2009년 조사 자료에 따르면 일본의 2030 성인남녀 592명 중에서 스스로 '낯가림이 심하다'라고 응답한 사람은 약 30%, '낯을 가리는 편이다'라고 응답한 사람은 약 60%였다. 일본 국민의 90%가 낯을 가리는 것이다.

낯가림은 위협에 대한 경계 센서와 같다. 과거와는 다르게 하루에도 수십, 수백 명의 사람과 상호작용하는 오늘날, 나에게 위협을 끼치지 않을 사람을 판단하는 행위는 지극히 정상적이다.

3. 내향인은 숫기가 없다?

No! '숫기'라는 단어를 사전에서 찾아보면 '활발하여 부끄러워하지 않는 기운'이라고 나온다. 그렇다면 숫기가 없다는 것은

'활발하지 않고 부끄러워한다'는 의미가 된다. 이런 관점에서 내향인이 숫기가 없는지 한번 생각해보자. 내향인은 선택적으로 활발하다. 익숙하고 친숙한 관계에서는 외려 말이 많고 활발하다. 부끄러움을 느낀다는 것은 특정한 상황에 대한 반응이다. 외향인 역시 부끄러움을 느낀다. 외향인과 내향인은 서로 부끄러움을 느끼는 상황이 다른 것뿐이다. 다만, 내면에 집중하는 내향인의 특성상 겉으로 보기에 활발하지 않고 숫기가 없어 보일 수는 있다.

4. 내향인은 말수가 적다?

Yes, and No! 많은 수의, 아니 거의 대부분의 내향인이 평균적으로 외향인 보다 말수가 적을 것이다. 앞서 살펴본 대로 내향인은 스스로의 내면세계에 더 집중하기 때문이다. 내향인의 내면세계는 겉으로는 침착하고 평온해 보이는 외면과는 다르게 매우 소란스럽다. 내향인은 특별한 외부 자극이 없어도 머릿속으로 많은 것을 생각하고, 추측하고, 상상하면서 즐겁게 보낼 수 있다. 이는 사실 대단히 효율적인 행복 추구 방법이기도 하다. 자기 자신과의 대화를 통해 더할 나위 없는 즐거움을 누리기 때문이다. 따라서 내향인이 혼자 생각에 잠겨 있다면, 그것을 섣불리 걱정이나 고민의 신호로 오해하지 말라. 어쩌면 혼자만의 행복을 만끽하고 있을 수도 있으니까.

내향인도 사실 상황에 따라서 말수가 매우 많아질 때가 있다. 흔히 생각하는 절친한 친구와 깊은 대화를 나눌 때 외에도 내향인이 말이 많아지는 경우가 여럿 있는데, 대표적인 상황이 어떤 정보를 '꼭' 전달해야만 하거나 뭔가를 '꼭' 설명해야만 하는 경우이다.

사무직에 종사하는 사람들 대부분이 그렇듯 나 역시 삐딱한 자세로 오래 일하다 보니 목과 허리 등이 많이 아팠고, 이를 해결하기 위해 PT 선생님을 찾아갔었다. 첫 만남에 나는 최대한 많은 정보를 전달하려고 했다. 어디가 어떻게 아프고, 그전에 어떤 운동치료를 했으며, 그동안 어떤 조언을 들었는지 모두 말했다. 내 얘기를 듣던 PT 선생님은 약간 짜증 섞인 투로 '전문 병원을 가지 여기 왜 왔냐'고 한마디 하셨다. 순간 얼어붙은 나는 얼굴이 빨개진 채로 집으로 돌아왔다. 나의 건강과 직결되는 정보를 정확하게 전달하려 했던 것뿐이었는데 어느새 TMI(Too Much Information, 불필요한 정보까지 과도하게 전달하는 것)가 되어 버린 것이다. 이렇게 상황에 따라 내향인도 말이 너무 많아질 수 있다.

5. 내향인은 사회성이 떨어진다?

No! 사회성이라는 말은 굉장히 폭넓은 개념이다. 사회성이란 일반적으로 한 사회의 구성원으로서 사회화된 정도를 의미하는데, 다른 사회 구성원들과 얼마나 관계를 잘 유지하는지가 핵심이다. 현대 사회에서는 외향성과 사회성을 동일한 개념으로 여기며, 내향적인 사람은 사회성이 떨어진다고 오해하는 경우가 많다. 그러나 외향성은 근본적으로 사교활동과 인간관계의 적극성을 나타내는 지표가 될 수 있을 뿐, 인간관계 자체를 얼마나 잘 유지하는지 보여줄 수는 없다. 다른 관점에서 보자면 다른 사람의 입장을 고려하고 배려하는 사려 깊은 내향인이야말로 사회성이 뛰어난 것일 수 있다.

6. 내향인은 발표를 잘 못 한다?

No! 내향인은 발표를 대단히 잘할 수 있는 가능성이 있다. 많은 사람 앞에 서는 것이 외향인에게는 쉬울까? 절대 그렇지 않다. 외향인이든 내향인이든 공히 좋은 발표를 위해서는 큰 노력을 기울여야 한다. 왜냐하면 발표는 내향성, 외향성과는 전혀 무관한 훈련의 영역이기 때문이다. 무대를 장악하는 연사가 되기 위해 내향인은 극복해야 할 약점이 있으며, 외향인 또한 나름대로 극복해야 하는 약점이 존재한다.

혹자는 내향인이 외부 자극을 기피하기 때문에 많은 청중 앞에 선다는 것이 엄청난 스트레스로 다가올 것이라 말할 것이다. 그것은 사실이다. 세계에서 가장 많이 팔린 소설 중 하나인 《해리 포터》 시리즈의 작가 조앤 K. 롤링 또한 대단히 내향적인 성격의 소유자이다. 2008년 6월 하버드 대학교 졸업식에서 20여 분 동안 진심 어린 축사를 전한 그녀는 하버드 대학교의 축사 요청이 대단히 영광스러웠음과 동시에 '몇 주간의 두려움과 멀미 (the weeks of fear and nausea)'를 주었고, 준비 과정 중 살까지 빠졌다고 솔직하게 고백했다. 그러나 그녀의 연설은 흔들림 없는 확신으로 가득 차 있었다. 스스로에 대한 믿음과 피나는 연습이 그런 결과를 만들어 낸 것이다.

'몇 주간(the weeks)'이라는 표현에서 알 수 있듯이 그녀는 졸업 연설을 위해 오랜 시간 동안 연습하고 또 연습했을 것이다. 즉, 발표는 내향인이든 외향인이든 훈련을 통해 계발해야 하는 기술이다.

7. 내향인은 리더십이 없다?

Yes! And No! 내향적인 사람은 최고의 리더가 될 수 있는 동시에 최악의 리더일 수도 있다. 그리고 이 점은 외향적인 사람도 마찬가지이다. 탁월한 리더십이란 결국 상황에 달린 것이기 때문이다. 외향적인 리더는 끊임없이 변화하는 시장 환경 속에서 스트레스를 견디고 신속한 결정을 내리는 데 큰 강점이 있다. 반면, 내향적인 리더는 함께 일하는 동료들의 능력을 경청과 배려를 통해 극대화할 수 있다. 어떻게 보면 탁월한 리더십이란 카멜레온처럼 상황에 맞게 자신의 리더십을 변화시키는 것이다. 즉, 내향적인 리더가 만약 빠르게 변화하는 환경에 놓인다면, 그는 외향적인 리더십을 배워야 한다. 반대로 외향적인 리더가 자주적이고 참여도가 높은 직원들과 일을 한다면, 자신의 의견을 내세우기보다는 우선 직원들이 능력을 펼칠 기회를 마련하는 데 집중해야 할 것이다.

8. 내향인은 영업을 못 한다?

No! 고객의 니즈가 점점 다양해지고 그들의 목소리에 귀 기울이는 것이 점점 더 중요해지는 영업직의 특성을 고려하면, 내향인은 최적의 영업인이다. 과거의 영업은 어떻게든 존재감을 드러내며, 현란한 말솜씨로 고객을 사로잡아야 했다. 그러나 지금은 아니다. 신동민 박사의 《나는 내성적인 영업자입니다》에서는 4차 산업혁명 시대의 영업자에게 필요한 자질로 '일단 듣는다', '상대를 관찰해서 니즈를 파악한다.', '내가 하고 싶은 말보다 고객에게 집중한다.', '남다른 배려심을 가진다.' 등을 꼽는다.

어떤가? 내향인의 모습이 떠오르지 않는가? 물론 이런 내향인에게도 훌륭한 영업인이 되기 위해 보완해야 하는 점이 있다. 바로 말의 기술이다. 만약 내향인이 설득력 있고 확신을 주는 말하기 기술까지 겸비한다면 그는 날개를 단 호랑이가 될 수 있다. 외향인들 또한 훌륭한 영업인이 되기 위해서는 앞서 밝힌 경청과 배려의 기술을 보완해야 한다. 내향인이든 외향인이든 영업을 잘하려면 각자에 알맞은 노력이 필요한 것이다.

9. 내향인이 외향인 보다 적다?

마지막으로 이 세상에는 내향인이 많을까, 외향인이 많을까?
인터넷에 '내향적인 사람 인구', '내향인 퍼센트', 'population

of introverts' 등의 키워드로 검색해보면 대부분의 기사가 대략 전체 인구의 1/3이 내향인이며, 광범위하게는 전체 인구의 25%에서 약 40%가 내향인이라고 언급하고 있다.

그런데 이 '전체 인구'라는 말은 영문 자료의 'the population'이라는 단어를 직역한 것으로, 미국 인구 기준인 것으로 추측된다. 즉, 가장 외향적인 국가인 미국의 조사 자료를 마치 전 세계 인구를 대상으로 한 연구 결과인 것처럼 오인하여 사용하고 있는 것이다. 또한, 다음의 결과들을 보면 과연 저 수치가 미국인을 대상으로 했을 때조차 정확한 것인지 의문이 생긴다.

오늘날 전 세계적으로 가장 널리 쓰이는 성격 검사인 MBTI를 개발한 이사벨 마이어스는 1962년 《MBTI 안내서》를 출시하면서 내향적인 사람이 전체 인구의 약 1/3이라는 추정치를 실었다. 그런데 《은근한 매력》의 저자 로리 헬고에 따르면 마이어스는 당시 11학년과 12학년 남학생 399명을 대상으로 내향성-외향성 조사를 하여 내향적인 남학생의 비율이 26.9%로 나타나자 편차 수정을 위해 결과치를 조정하고 '1/3'이라는 추정값을 도출했다고 한다. 즉 매우 한정된 표본에서 임의로 도출한 수치였던 것이다.

이후 1998년, 마이어스-브릭스 재단은 '내향성-외향성'에 대한 최초의 공식적인 무작위 표본 조사를 했다. 3,900명을 대상으로 로 조사한 결과, 표본의 50.7%가 내향적이라는 사실이 드러났다. 2001년에 1,378명을 대상으로 진행된 후속 연구에서는 내향적인 사람의 비율이 약 57%로 증가했다.

긍정심리학자 일레인 휴스턴이 언급한 American Trends Panel의 연구 결과는 더욱 놀랍다. 2014년 3,243명을 대상으로 실시한 5점 척도 조사에서 17%가 '외향적임' 또는 '매우 외향적임'에 체크한 반면, 77%는 내향성과 외향성의 중간 어딘가에 위치한다고 응답했다.

이러한 조사 결과에 따르면 내향적인 사람은 결코 소수가 아니다. 오히려 대다수가 내향적이라고 말하기에 충분하다.

내향인이 가진
특징

내향성을 둘러싼 오해들을 살펴보며 많은 내향적인 사람들이 공통으로 가진 특징들을 찾을 수 있었다. 대다수의 내향적인 사람들은 다음 다섯 가지 특징을 공통으로 갖고 있다.

1. 눈썰미가 좋다

내향적인 사람들은 눈썰미가 좋다. 왜냐하면 외부 자극에 굉장히 예민하게 반응하기 때문이다. 외부 자극을 통해 에너지를 충전하는 외향인과는 다르게 내향인은 외부 자극과 접촉하면 그것을 신중하게 분석하고 이해하려고 노력한다. 그렇기 때문에 눈썰미가 좋고, 이로 인해 미묘한 변화도 잘 포착한다. 친구 관계이든 연인 관계이든 심지어 조직 생활에서든 내향인은 일단 어떤 자극을 받으면 머릿속으로 신중하게 생각한다. 그리고 그 과정에서 뭔가 달라진 점을 손쉽게 찾아낸다. 때로 이 좋은 눈썰미로 인해 사소한 차이도 자꾸 거슬려하는 까탈스러운 사람으로 여겨지기도 한다.

2. 본질에 집중한다

내향적인 사람들은 정신적 에너지가 내면세계로 깊숙이 파고 들어가는 성질이 있다. 그렇기 때문에 보다 정신적이고 본질적인 것에 집중한다는 특징이 있다. 영화를 보거나 책을 읽을 때도 단순한 말초적인 재미를 뛰어넘어 깊게 사유하고 숨겨진 의미를 발견하는 일 등에 흥미를 갖는다. 이런 특징은 결과적으로 풍부한 사고력의 바탕이 된다. 그러나 시시콜콜한 가십이나 잡담보다 진지한 이야기를 하고 싶어 하기 때문에 재미없어 보인다는 말을 듣게 되는 경우도 있다. 그리고 처음 보는 사람과 대화를 할 때도 친밀함이 형성되기 전에 바로 진지한 이야기로 건너뛰는 실수를 할 때도 있다.

3. 고독과 외로움을 무서워하지 않는다

내면의 세계에 집중하는 내향인은 외향인에 비해 대단히 개인적이다. 내향인에게 있어 혼자만의 시간은 고독과 외로움을 주기보다는 사회적 에너지를 충전하기 위한 양분을 얻는 시간이다. 주변에 의존적이지 않은 내향인은 혼자만의 시간 속에서 자신의 내면을 정리하고 문제를 해결한다. 또한, 외로움을 무서워하지 않기 때문에 홀로서기에 능하다. 그러다 보니 자연스레 자신의 고민을 남에게 말할 필요가 없어져 결과적으로 속을 알 수 없다거나 말수가 적다는 이야기를 들을 때도 있다.

4. 겸손하다

내향적인 사람은 자기 속내를 쉽게 드러내지 않는다. 어떤 분야에 대해 상당한 수준의 지식을 보유하고 있음에도 불구하고 그 정도는 누구나 다 아는 것이고 대단하지 않은 수준이라고 생각하는 경향도 있다. 내향인들은 특정 주제에 대해 100% 이해하지 못하면 아는 것이 아니라고 생각하는 경우가 많기 때문이다. 이는 일종의 완벽주의라고 볼 수도 있고, 스스로에 대한 기준이 상대적으로 엄격하다고도 볼 수 있다. 그러므로 내향인은 대체로 겸손한 편이다. 그러나, 이런 특징으로 인해 자신을 평가절하할 때도 있고, 나아가 자신감이 부족해 보일 때가 있다.

5. 사려 깊다

내향적인 사람은 외부 자극이 얼마나 큰 영향을 미치고, 얼마나 에너지를 빼앗아 가는지 누구보다 잘 안다. 그런 만큼 스스로가 타인에게 그런 자극이 되고 싶어 하지 않는다. 즉, 타인이 나로 인해 자극받지는 않을지 항상 신경 쓰고 염려한다. 또한, 본질적인 것에 집중하는 내향인은 세상에 존재하는 여러 자극들의 상관관계를 이해하고, 연결할 수 있다. 하나의 자극이 결과적으로 어떤 나비효과를 불러올지 어느 정도 예측할 수 있다는 것이다. 그렇기 때문에 내향적인 사람들은 자신의 말과 행동이 가져올 영향을 반복적으로 고민한다. 한마디로, 내향인은 항상 상대방의 기분을 살피고 사려 깊게 행동하고자 한다. 그런데, 이렇게 항상 상대방의 기분을 먼저 생각하다 보니 스스로 스트레스를 받게 되는 경우도 드물지 않게 발생한다.

지금까지 언급한 다섯 가지 특징은 무수히 많은 내향인의 특징 중 가장 보편적이고 대표적인 것들을 추린 것이다. 다만 이는 대다수의 내향인이 가진 특징일 뿐 내향인만의 고유한 특징은 아니다. 세상에는 사려 깊고 배려심 많은 외향인도 분명히 존재하며, 모든 외향인이 내향인 보다 눈치가 없는 것도 아니다. 단순히 내향인에게 더 많이 관찰되는 경향성일 뿐이다.

외향성과
외향적인 태도는
다르다!

잠깐 두 번째 장에서 다뤘던 신경전달물질과 혈액 이동 경로, 그리고 외부 자극에 대한 반응 정도에 따른 내향인과 외향인의 차이를 다시 떠올려보자. 앞서 언급한 내용을 정리해보자면 다음과 같다.

내향성	차이점	외향성
민감하다	도파민 수용성	둔감하다
크다	자극에 의한 영향	작다
길고 복잡하다	혈액 이동 경로	짧고 단순하다
아세틸콜린	주요 신경전달물질	도파민
장기적	주요 기억 방식	단기적
느리다	말하는 속도	빠르다
높다	반응성	낮다

하나씩 곱씹어 생각해보면 이 모든 특성이 서로 연결되어 내향인의 보편적 특징들을 만든다는 점을 알 수 있다. 예를 들어, 도파민 수용체가 민감하기 때문에 동일한 자극도 훨씬 크게 느끼며 이로 인해 정적인 활동을 선호한다. 주변 환경에 예민하게 반응하는 고 반응성은 관찰력에 영향을 준다. 주위의 변화를 손쉽게 알아차린다는 것은 그만큼 관찰력이 뛰어나다는 것을 의미한다. 이렇게 자신에게 주어진 재능을 인지하는 것은 그에 적합한 행복 추구 방식, 스트레스가 덜한 환경 등을 찾아 나서기 위한 출발점이 된다.

인간의 뇌를 들여다본다는 것은 매우 어려운 일이다. 그런데도 뇌과학적 분석은 그동안 풀리지 않았던 행동의 미스터리를 해결할 수 있다는 데 의의가 있다. 뇌과학적으로 내향성과 외향성을 이해하려는 노력은 여느 내향적인 사람 또는 외향적인 사람의 특정한 행동이 옳거나 그르거나 이상한 것이 아니며 그냥 그렇게 타고난 것임을 알게 해준다. 나아가 상대방을 부러워할 필요가 없다는 점 또한 다시 한번 깨닫게 한다.

내향적인 사람이 오래된 세세한 사항까지 잘 기억하는 것은 그렇게 태어났기 때문이다. 외향적인 사람은 별로 중요하지 않은 자질구레한 사실은 머릿속에서 쉽게 지워버리는 능력을 타고났다. 이러한 외향성을 부러워하며 자신을 억지로 바꾸려고 스트레스를 받을 이유도, 그럴 필요도 없다. 대신 내향적인 나 자신을 좀 더 깊게 이해하고 나만의 강점을 계발하여 내가 더 행복할 수 있는 환경을 찾아 나서야 한다. 그렇게 각자에게 알맞은 환경을 찾으면 조심스럽게 새로운 행복을 위해 새로운 도전을 할 수 있다.

그런데 내향적인 사람들은 때때로 주변 환경과의 상호 작용에서 오는 행복을 과소평가하고, 혼자가 낫다고 생각하는 경향이 있다. 이렇게 자신의 내향성만을 좇고 울타리를 높게 세우는 것은 결국 고립된 삶을 살게 만든다. 개인의 발전 가능성을 제한한다는 의미이다. 외부 세계로 나가지 않고 혼자만의 세계에 안주하다 보면 내향성으로 비롯한 탁월한 재능을 허비하게 된다.

외향성이 아닌 외향적인 태도의 장점

다시 한번 말하지만 자신을 억지로 외향적으로 바꿀 필요는 없다. 타고난 성격을 바꾸는 것은 사실상 불가능에 가깝다. 그러나 상황에 따라 '외향적인 태도'를 갖추는 것은 충분히 가능하다. 태생적인 행동 양식을 상황에 맞춰 변화시키는 것은 매우 바람직한 노력이다. 이를 증명하는 연구 결과가 있다.

미국 웨이크 포레스트 대학교의 윌리엄 플리슨은 외향인과 내향인으로 구성된 실험 참가자들에게 한 가지 재미있는 미션을 주었다. 자기주장을 거침없이 표현하고, 되도록 말을 많이 하면서 토론에 참여하라는 것이었다. 외향적인 척을 하라고 요구한 것이다. 이 실험의 대조군으로 또 다른 실험 참가자들에게는 되도록 다른 참가자의 말을 경청하고, 얌전하게 토론에 참여하라는 미션을 주었다. 실험 종료 후, 참가자들의 반응은 상이했다. 외향적인 척을 했던 참가자들은 대부분 토론이 재미있다고 느꼈다. 반면, 내향적인 척을 해야 했던 참가자들은 토론을 지겹게 느꼈다고 진술했다.

2012년에도 유사한 실험이 진행되었다. 캐나다 칼튼 대학교의 존 젤렌스키를 필두로 한 연구팀은 600명의 대학생을 대상으로 실험을 진행했다. 이 실험에서 중요한 점은 기존의 실험과는 다르게 실험 참가자들의 내향성, 외향성을 확인하지 않았다는 것이다. 실험의 내용은 본인의 실제 성향과는 무관하게 내향적인 또는 외향적인 행동 가이드라인에 따라 행동하도록 한 뒤 느낀 행복감을 조사하는 것이었다. 그리고 그 결과, 피실험자들은 외향적인 행동 가이드라인에 따라 행동했을 때 행복감을 보다 더 크게 느꼈다고 진술했다.

　물론 위 연구들을 바탕으로 무조건 외향적으로 행동하면 행복해진다는 결론을 내는 것은 섣부른 판단이다. 미국의 심리학자이자 베스트셀러 작가인 피터 홀린스는 저서 《혼자 있고 싶은데 외로운 건 싫어》에서 위 실험은 연구 자체가 내향적인 사람에 대한 편견을 기반으로 설계되어 있다고 지적했다. 실제로 위 연구에서 사용한 내향적인 행동 가이드라인이란 '조용하고, 무기력하며, 소극적이고, 도전을 피하라' 등이었다. 이는 명백히 내향성을 부정적으로 바라보는 편견이다. 그런데도 플리슨의 연구와 젤렌스키의 연구는 외향적인 태도에 대한 시사점을 던져준다. 행복감을 느끼는 데 있어 중요한 것은 타고난 기질보다는 주어진 상황과 그 속에서의 행동이라는 점이다.

　내향성을 뇌과학적으로 파헤쳐 본 이유는 스스로가 행복감을 더 크게 느낄 수 있는 환경을 찾기 위해서였다. 그렇게 찾은 환경에서 한 발 더 나아가 조금 더 외향적인 태도를 갖춰 보는 것은 어떨까? 사회 활동 빈도를 늘리거나 인간관계의 형태를 넓고 얇게 바꾸라는 말이 아니다. 대신 주변 사람들과 교류할 때 좀 더 자신감을 갖고 현재에 집중하라는 것이다. 절대 자신을 내향성 또는 외향성의 틀에 가두지 마라. 행복을 결정짓는 것은 개인의 타고난 기질이 아니다. 우리를 둘러싼 상황 속에서 어떻게 행동하는지가 훨씬 더 중요하다. 그리고 몇몇 외향적인 태도는 행복감을 증진하는 데 분명 도움이 된다.

나를 괴롭히지 않으며 외향적인 태도를 갖출 수는 없을까?

캐나다 출신의 정신과 의사 에릭 번은 사람은 각자의 인생에 대한 태도를 충분히 변화시킬 수 있다고 강조했다. 인간은 본질적으로 긍정적이며, 뇌에 손상을 입은 경우가 아니라면 사고 능력을 지니고 있고, 죽는 날까지 발전하는 존재이기 때문이다.

케임브리지 대학의 브라이언 리틀 교수는 선천적 성향과 다른 태도를 취하는 변화를 '자유 특성 이론'으로 설명한다. 이 이론에 따르면 우리의 성격 중 일부는 성장 과정 중에서 사회문화적 영향을 받아 형성되는데, 이렇게 형성된 부분을 '생체 요소'라고 부른다. 이 생체 요소를 뛰어넘기 위해서는 개인의 삶에 있어 핵심이 되는 프로젝트가 필요하다. 이를 역으로 말하자면 강력한 동기가 있으면 생체 요소를 뛰어넘을 수 있다는 것이다. 리틀 교수는 이러한 요인을 '특수 생성 요소'라고 정의하였다.

아무리 내향적인 사람일지라도 자신의 인생이 걸린 중요한 일

또는 자신의 모든 것을 줄 만큼 사랑하는 사람이 있다면 기꺼이 외향적인 사람처럼 행동할 수 있다. 여기서 놓쳐서는 안 될 점은 외향적인 사람처럼 '변한다'는 것이 아니라 외향적인 사람처럼 '행동할 수 있다'는 점이다. 즉, 자신의 성향을 바꾸는 것은 불가능하나, 목표를 위해 행동이나 태도를 변화시킬 수는 있다. 그리고 이런 삶의 핵심 프로젝트에 몰입할 때, 우리의 인생은 한층 더 높은 차원으로 도약한다.

역사적으로 유례없는 투자의 귀재 워런 버핏 역시 본래 내향적이었던 것으로 유명하다. 버핏은 컬럼비아 대학원 재학 당시, 대중 연설 능력을 기르기 위해 당시로써는 거금이었던 100달러를 수표로 지불하며 데일 카네기 과정에 등록했다. 그러나 변화에 대한 두려움에서인지 집으로 돌아온 뒤 수표 지급을 정지시켰다. 그러나 얼마 뒤 버핏은 고향으로 돌아가 같은 과정을 현금으로 등록하고 외향적인 스킬을 갖추기 위해 노력했다. 그러한 노력의 결과로 그는 오늘날 우리가 알고 있는 능수능란한 말솜씨의 워런 버핏으로 거듭났다.

워런 버핏뿐만이 아니다. 고객과의 밀고 당기기가 일상인 영업 현장을 둘러보라. 성공적인 영업인들을 보면 일견 활달하고 외향적인 사람처럼 보이지만, 그들 중 다수는 내향인이다. 외향적으로 보일 만큼 외향적인 태도를 갖추었을 뿐이다. 내향인 모두가 억지로 외향적인 태도를 갖기 위해 노력할 필요는 없다. 다만, 상황에 맞춰 외향적인 태도를 발휘하는 기술은 목표를 이루는 데 도움이 된다는 것을 유념해두자.

안전지대를 벗어나기 위한 모험

내향성을 제대로 이해했다면 자신의 행복과 성공을 위해 필요한 변화를 만들기 위한 준비가 되었다고 할 수 있다. 그렇다면 이제는 본능적 안전지대를 벗어나려고 시도할 때이다.

마케팅 구루 세스 고딘에 따르면 '쾌적 영역, 안락지대' 또는 '안전지대' 등으로 번역되는 'Comfort Zone'이란 '오랜 시간에 걸쳐 익숙해진 곳으로 습관적으로 행동해도 실패할 염려가 없고 이로 인해 긴장감이 없어지고 느긋해지는 곳'이다. 내향적인 사람에게는 내향성이 본능적인 안전지대이며, 외향적인 사람에게는 외향성이 그들만의 안전지대이다. 그러나 만약 평생을 'Comfort Zone'에만 머무른다면, 살아가면서 누릴 행복과 성공은 매우 제한적일 것이다.

누구나 꿈을 이루기 위해서는 때로는 외향적으로, 때로는 내향적으로 행동해야 한다. 자기 자신을 믿고 안전지대 밖으로 한 걸음 디뎌 새로운 행복과 성공을 만끽해 보는 것은 어떨까? 너무 긴장할 필요는 없다. 언제든 원한다면, 때때로 지칠 때면, 지금의 안전한 영역으로 다시 돌아올 수 있다.

Comfort Zone을 벗어나는 모험은 누구에게나 두려운 것이겠 지만 내향인에게는 그 부담이 더욱 크게 느껴지기 마련이다. 자 기 자신을 개선하기 위한 모험에서 실패의 확률을 줄이고 효율 성을 높일 수 있는 목표 관리 지침 4 Step을 소개하고자 한다.

Step 1. 올바른 목표 수립 여부를 진단하라

	대상의 변화 가능성 ○	대상의 변화 가능성 ✕
나의 변화 의지 ○	노력	만용
나의 변화 의지 ✕	태만	수용

위 그림은 '변화시키고자 하는 대상의 변화 가능성'과 '내가 실제로 변화하려는 의지'로 구성된 매트릭스이다. 많은 사람이 변화시킬 수 없는 것을 변화시키려고 노력한다. 그러나 이는 만 용에 불과할 때가 많다. 올바른 목표를 설정하려면 내가 바꾸고

자 하는 것이 근본적으로 바꿀 수 있는 것인지부터 알아야 한다.

가령, 속마음을 잘 표출하지 못하는 말투에 대해 생각해보자. 이것은 내향인이더라도 충분히 훈련을 통해 변화할 수 있는 대상이다. 말투에 대한 문제의식을 느끼고 개선하려고 하고 있다면 그것은 올바른 '노력'을 하고 있다는 뜻이다. 그러나 이를 변화시키려는 의지가 없다면 현재 '태만'한 마음가짐을 갖고 있다고 할 수 있다.

내향성으로 인해 대면 만남에 쉽게 피로감을 느끼는 것은 어떨까? 만남의 빈도를 늘려 이에 익숙해지려고 하거나, 만남에서 행동하는 방식을 바꾸려고 하는 것은 '만용'을 부리는 것이다. 대면 만남에 쉽게 피로감을 느끼는 것은 지금껏 살펴본 대로 절대 바꿀 수 없는 내향인의 선천적인 기질이기 때문이다. 이처럼 변화 가능성이 없는 대상에 대해서는 있는 그대로 받아들이려는 '수용'의 마음가짐이 필요하다. 예를 들어 대면 만남을 전화나 이메일을 활용한 비대면 소통으로 바꾸거나, 피치 못할 대면 만남이 확정되어 있다면 이후 회복할 수 있는 시간과 공간을 확보해두는 것이다. 이것이 바로 올바른 '노력'의 예이다.

Step 2. 수많은 목표 중에서 우선순위를 설정하라

Step 1을 통해 '노력'의 영역으로 진입했다면, '노력'의 영역에 있는 목표 중에서 우선순위를 정해야 한다. 우선순위를 설정하는 방법은 간단하다. 내가 뭔가를 확실히 변화시킬 수 있다는 희망과 자신감이 있는 것부터 변화의 목표로 설정하는 것이다. 성공의 경험은 대단히 유익하며 그다음 성공까지의 과정을 가속하는 놀라운 힘이 있다. 한번 목표를 달성하면 그다음 목표를 달성하는 데까지 걸리는 시간은 처음 목표를 달성했을 때보다 줄어든다.

그와 동시에 내 발등에 불이 떨어진 것처럼 빨리 변화시키지 않으면 큰 손해를 보는 것 또한 중요한 우선순위이다. 방치하면 방치할수록 해당 문제로 인해 악영향, 피해 등이 눈덩이처럼 불어나기 때문이다.

Step 3. 여러 우선순위 중 최우선순위 3개만 남기고 삭제하라

Step 2의 과정을 통해 도출된 우선순위가 3개 이하라면 그것들에 온전히 집중하면 된다. 그러나 만약 3개를 초과한다면, 가장 중요한 3개를 제외한 나머지는 모두 삭제해야 한다. 최우선순위 3개를 달성하기 전까지는 아예 거들떠보지도 말아야 하며,

머릿속에서 깡그리 지워야 한다. 이것은 워런 버핏의 '목표 관리 기법'으로 유명한 내용이다. 많은 사람이 무수히 많은 목표를 설정하고 에너지를 분배해서 쓴다. 이를테면, 최우선 목표에 에너지의 60%를, 그다음으로 중요한 것들에 30%를, 그리고 변화와 연관되지 않는 것들에 10%를 할애한다. 그러나 이것은 대단히 비효율적인 방식이다. 최우선으로 중요한 것들에 먼저 집중해서 목표를 달성해야 그다음 목표를 향해 나아갈 동력을 얻게 된다.

우리 내향인들의 에너지는 한정적이다. 특히 내향인이 세우는 대부분의 목표는 본질적으로 외향성이 가득 찬 세계와 투쟁해야 하는 목표이다. 따라서 10개, 20개나 되는 목표를 모두 이루기 위해 에너지를 나눠 쓰는 것은 대단히 비효율적인 접근이다.

Step 4. 최우선순위 3개를 잘게 쪼개라

최우선순위 3개가 남았다면, 그것들은 최대한 잘게 쪼개야 한다. 막연하게 '~까지 ~를 달성'이라는 형태로 목표를 세운다면, 꾸준히 목표를 향해 노력하기 힘들어진다. 목표는 중간중간 수시로 자신의 진전 상태를 체크할 수 있어야 한다. 따라서, 큰 목표가 하나 있다면 그것을 잘게 쪼개어 세부적인 작은 목표 여러 개로 나누어야 한다.

데일 카네기 인간관계론 특강에서 '변화란 불과 같다'라는 말을 인상 깊게 들었다. 불빛을 보았을 때, 그리고 불이 발등에 떨어졌을 때 변화가 시작된다는 의미이다. 희망의 빛을 본 'See-the-light-moment'와 긴급하게 발등에 불이 떨어진 'Feel-the-heat-moment'가 바로 무수한 변화의 시작이다.

Chapter 4

내향인이어서
성공할 수 있는
5가지 이유

"당신은 다만 당신이란 이유만으로도
사랑과 존중을 받을 자격이 있다."

– 앤드루 매슈스

1 | 높은 독립성

　내향인의 여러 가지 특징은 계발하기에 따라 강점이 될 수도 있고 약점이 될 수도 있다. 그중 내향인의 최대 강점이 될 수 있는 동시에 약점이 될 수 있는 첫 번째 특징은 내면의 세계에 집중하는 것이다. 내향적인 사람들의 에너지와 관심사는 기본적으로 내면의 세계를 향한다. 외부 환경에 상대적으로 관심이 덜하다는 말을 다시 생각해보면 그만큼 독립적이라는 의미가 된다.

　독립성은 혼란스러운 세상에서 자신만의 가치를 좇을 수 있는 바탕이 되는 아주 중요한 힘이다. 확고한 독립성을 갖춘 사람은 다른 사람들이 그들만의 잣대로 내리는 평가와 판단에 휘둘리지 않고 자신이 믿는 가치를 향해 묵묵히 나아갈 수 있다. 독립성을 다르게 표현하면 '내적 자유'이다. 높은 차원의 독립성은 외부 시선을 의식함으로써 생기는 허영심이나 탐욕으로부터 자유로워질 힘을 부여한다.

쉽게 독립성을 계발할 수 있는 가능성을 타고난 내향인

내향적인 사람들은 좀 더 높은 차원의 독립성을 비교적 쉽게 계발할 수 있는 가능성을 타고났다. 이를 증명하기 위해 우선 독립성이라는 개념을 물리적인 측면과 정신적인 측면 두 가지로 나눠서 생각해보자.

물리적인 독립이란 실제로 혼자 있는 상황 자체를 의미한다. 혼자 있는 상황은 곧 외부적인 자극이 차단되어 있다는 뜻이다. 내향적인 사람은 앞서 살펴보았듯이 도파민 수용체가 대단히 민감하기 때문에 작은 자극에도 크게 반응한다. 그렇기 때문에 본능적으로 조용하고 차분한 환경을 찾아 나선다. 내향인이 선호하는 시공간은 시끄럽거나 사람이 많지 않고, 자극적이지 않은 곳이다. 내향인이 선호하는 이러한 환경은 자신의 내면을 들여다보게 만드는 매개체이다. 즉, 내향인은 뇌 과학적인 관점에서 독립성을 기르기 적합한 환경을 자발적으로 찾아 나서도록 프로그래밍이 되어 있다.

정신적인 독립이란 외부의 상황에 쉽게 흔들리지 않는 것을 의미한다. 분명 주관적인 생각으로는 A라는 선택지가 맞는 것 같은데 주변에서 B라는 선택지가 맞다고 떠들면 순간적으로 헷갈리기 마련이다. 그리고 이런 상황이 반복되면 자신의 선택에 대한 확신을 잃게 되는 경우가 많다. 이렇게 소위 귀가 얇은 사람은 정신적인 독립성이 약하다고 볼 수 있다.

문제는 서로가 서로에게 연결된 현대 사회에서는 정신적인 독립을 지키기가 쉽지 않다는 것이다. 정신적인 독립을 지키려면 집단에 쉽게 동조하지 않아야 한다.

2005년 에모리 대학교의 그레고리 번스는 성인 남녀 32명에게 컴퓨터 스크린 위에 3차원 물체를 2개 보여주고 첫 번째 물체를 회전하면 두 번째 물체와 일치하는지를 물어봤다. 각 참가자가 혼자 대답할 때의 오답률은 13.8%였다. 그러나 집단으로 실험한 경우 다른 참가자가 오답을 말하면 그 오답을 따라가는 경우가 무려 41%에 달했다. 오답률이 약 3배나 증가한 것이다.

나아가 번스는 참가자들의 응답 과정 중 그들의 뇌를 fMRI 스캔을 통해 촬영했는데 판독 결과가 매우 의미심장했다. 다른 참가자들의 오답에 동조해 자신도 오답을 말하는 참가자의 뇌를 관찰해보면, 의사결정을 지배하는 전두엽이 비활성화되고 인지 능력과 관련된 뇌 영역이 활성화되어 있었다. 이것은 '집단'이 일종의 향정신성 약물처럼 작용하여 실제로 개인이 인지하는 시각과 방향성 자체를 바꿔 놓을 수 있다는 의미이다.

이 연구의 진정한 의의는 집단의 영향에도 불구하고 정답을 맞힌 사람들의 뇌를 관찰한 결과에 있다. 놀랍게도 이들의 뇌는 정답을 맞힌 순간 편도체가 활성화되었다. 앞서 2장에서 다루었듯 내향인들은 편도체의 반응성이 상대적으로 높다. 즉, 내향인들은 정신적인 독립성을 강점으로 계발하는 데 있어 상대적으로 유리하게 태어난 것이다.

Point. 자신의 느낌을 정확히 인지하고 신뢰하라

독립성을 계발하기 위해서 가장 좋은 방법은 바로 스스로를 믿는 것이다. 다른 사람의 목소리에 휘둘리지 않기 위해서는 자기 자신에 대해 굉장히 구체적으로 알아야 한다. 즉, 자신에게 내재한 욕망, 자신이 무엇을 좋아하고 무엇을 싫어하는지 등을 명확하게 알고 있어야 외부 자극에 덜 흔들리고 독립성을 유지할 수 있다. 만약 집단으로부터 거절당할 것 같은 두려움이 든다면, 그때가 자신을 냉정하게 들여다봐야 하는 시점이다. 외부 환경의 피드백과 조언을 귀담아듣되 자신의 중심을 놓치지 않으려면 자신의 느낌을 정확하게 인지하고 신뢰해야 한다.

Notice. 자신을 고립시키지 않도록 경계하자

독립성은 두 번 강조할 필요 없는 중요한 가치이다. 그러나 내면세계에 집중하는 내향인의 특징을 '독립성'이라는 강점으로 계발하는 과정이 자칫 잘못하면 '고립'이라는 약점으로 왜곡될 수 있으니, 각별히 주의해야 한다.

고립은 자신의 내면에 너무 집중한 나머지 외부 자극을 넘어 외부에 대한 일말의 관심까지 모조리 차단해버리는 것이다. 내향인에게 있어 예상치 못한 외부의 변수는 분명 스트레스로 작용한다. 그러나 모든 외부 변수를 스트레스로 간주해 차단해버리면 새로운 시각을 기를 기회를 놓쳐버린다. 고립은 어찌 보면 내향인의 에너지 절약 기제로도 볼 수 있다. 왜냐하면 고립은 기본적으로 새로운 상황에 자신을 맞춰 유연하게 대응하지 않고 기존의 습관을 고수할 때 자주 발생하기 때문이다.

고립의 대표적인 원인은 '좁고 깊은 인간관계'이다. 내향인은 때로 우정의 양보다는 우정의 질이 중요하다는 생각으로 소수의 사람과 깊은 관계를 맺는 데 집중한다. 그렇게 한두 명의 친구에게만 집중하다 보면 자칫 관계에 고립되고 만다. 그리고 소중한 몇몇 친구에게 집착이나 소유욕, 질투심을 느끼게 되거나 편하게 수다를 떨고 싶을 때도 동일한 사람만 찾게 되어 관계에 궁핍해지는 등 고립의 부작용을 겪게 된다.

고고한 자아를 유지하는 독립성도 결국 사회의 일원으로 기능하고 있을 때 가치를 갖는다. 이를 위해서는 정기적으로 나를 둘러싼 외부 환경과 소통해야 한다. 고립은 사회의 일원으로서 자아를 지키는 독립과는 다르다. 고립은 사회를 나로부터 밀어내는 것이다.

《혼자가 편한 사람들》의 저자 도리스 메르틴 박사는 "고립이 지속하면 감수성이 저하되고, 사유와 통제 능력이 발달되는 대신 예리한 감각이나 활력이 줄어든다."라고 말했다. 개인의 내적세계에 집중하여 주변 환경에 휩쓸리지 않는 것은 바람직하지만 때로는 자신을 고립시키고 있는 것은 아닌지 한 번쯤 돌아볼 필요가 있다.

2 | 뛰어난 준비성

　내향인의 두 번째 강점은 바로 준비성이다. 준비성이 뛰어나다는 것은 우선 목표를 명확하게 세우고, 이를 달성하기 위해 필요한 조건을 점검하고, 혹시 모를 리스크를 예측해 대비하는 것을 말한다. '유비무환'이라는 사자성어처럼 평소에 착실히 준비하면 어떤 상황이 닥쳐도 근심 걱정이 없다. 자고 일어나면 천지가 개벽한 것처럼 하루가 다르게 변화하는 요즘, 리스크를 예측하고 최악의 시나리오를 가정해 준비하는 자세는 성공을 위한 필수 불가결의 요소이다.

　대부분의 사람은 계획을 세울 때, 목표를 제대로 설정하지 못

한다. 너무나 막연한 계획을 세우기 때문에 목표 달성을 위해 무엇을 준비해야 할지가 불명확한 것이다. 목표를 세우더라도 긍정적인 면만 바라보고 잠재적인 리스크를 간과하는 경우도 많다. 여타 다른 강점들처럼 준비성 또한 단순히 '앞으로 조금 더 꼼꼼하게 준비해야지' 하고 마음먹는다고 자연스럽게 생겨나는 강점이 아니다. 외향인이라면 꼼꼼히 분석하고 따져보는 훈련과 연습이 요구되는 미션이기도 하다.

분석적 사고 역량을 타고난 내향인

내향인은 현실을 직시하고 미래를 대비하는 기반이 튼튼하다. 타고난 분석적 사고 역량 때문이다. 하버드 대학교의 신경과학자 랜디 버크너는 2013년 내향적인 사람들은 외향적인 사람들에 비해 전전두엽이 더 활성화되어 있다는 사실을 발견했다. 전전두엽은 사전 계획, 의사결정, 분석 등의 추상적 사고를 담당하는 영역이다. 즉, 내향적인 사람들은 행동에 앞서 계획하고 준비하는 역량을 그만큼 더 타고난 것이다.

분석적으로 사고하는 힘은 복잡해 보이는 인과관계를 나눠서 생각할 수 있게 하며, 현재 상황과 자신이 설정한 목표와의 괴리를 고민하고 그 간극을 어떻게 메꿀 수 있는지 방법을 찾게 한다. 그리고 어떤 행동을 하면 그 행동이 어떤 결과를 불러일으킬지를 면밀하게 생각해보고 목표 달성을 위한 전략을 수립하도록 한다. 게다가 내향인은 장기적인 기억력이 뛰어나 과거에 실패했던 경험을 오래 기억하기 때문에 새로운 목표와 계획을 수립할 때 과거 경험으로부터 학습된 내용을 계획에 포함할 수 있다.

준비성의 토대가 되는 내향인의 또 다른 특징이 있다. 내향인은 때때로 부정적으로 생각하는 경향이 있다는 점이다. 많은 내향인이 자신의 능력에 대해 과소평가한다. 따라서 내향적인 사람은 어떤 목표를 세울 때 왠지 모르게 자신의 능력이 부족한 것만 같아 목표를 달성하기 위해서 더욱더 철저하게 준비한다.

이런 철저한 준비성은 당연히 실수할 가능성을 줄이고, 시간과 에너지를 효율적으로 사용할 수 있도록 돕는다. 또한 긴장과 불안을 효과적으로 통제한다.

Point. 사실과 감정을 분리하라

내향적인 사람들은 때로 '내가 너무 사소한 것까지 챙기는 것은 아닌지' 고민하기도 한다. 그러나 전혀 걱정할 필요 없다. 목표를 달성하기 위해 가장 효과적이고 체계적인 과정을 밟고 있을 뿐이다. 오히려 자신의 분석적 사고 역량을 적극적으로 활용해 준비성을 길러야 한다. 7장에서 다룰 '분리'는 사실과 생각, 그리고 감정을 분리하는 것으로, 훈련을 통해 분석적 사고력과 더불어 준비성을 강화하는 데 도움을 줄 것이다.

Notice. 분석만 하다가 실행력이 결여되는 것을 경계하자

러시아의 작가 이반 투르게네프는 인간의 유형을 행동력에 따라 두 가지로 구분했다. 첫 번째는 '죽느냐 사느냐, 그것이 문제로다!'로 유명한 우유부단함의 대명사 '햄릿' 형 인간이다. 그리고 두 번째는 라만차의 풍차를 향해 돌진하는 '돈키호테' 형 인간이다. '햄릿' 형 인간은 너무 많이 생각하고 고민하고 준비한다. 자신의 눈앞에 주어진 것에 대해 분석을 거듭하다 보니 오히려 혼란을 겪고 우유부단하다. 결과적으로 햄릿은 생각에 매몰되어 행동이 느린 반면 돈키호테는 오로지 앞만 보고 달린다. 눈앞의 목표에 돌진하는 돈키호테에게 있어 깊은 사색과 생각, 계획과 준비는 거추장스러울 따름이다. 이렇게 보면 내향적인 사람을 햄릿에, 외향적인 사람을 돈키호테에 비유해도 무리가 없다.

주어진 상황에 대해 끊임없이 고뇌하고 분석하는 것은 내향인의 전형적인 특징이다. 이를 잘 활용하면 위에서 언급한 대로 목표 달성을 위한 체계적인 계획의 토대가 되고 철저한 준비성의 뿌리가 될 수 있다. 그러나 생각을 너무 많이 하다 보면 햄릿처럼 우유부단하고 소극적으로 행동하게 될 수 있으니 때로는 돈키호테처럼 돌진하는 추진력이 필요하다.

과거의 경험에서 학습하여 준비 요소를 꼼꼼하게 챙기도록 만드는 장기적 기억 방식 또한 행동력 저하를 부르는 양날의 칼이 될 수 있다. 과거의 실패 경험을 떠올려 새롭게 준비해야 하는 요인을 찾아낼 수도 있지만, 이로 인해 자신감이 부족해질 수 있기 때문이다. 가령 새로운 모임이나 파티에 초청받았을 때, 외향인은 크게 고민하지 않고 참가한다. 바로 행동에 옮기는 것이다. 반면 내향인은 과거의 유사한 경험을 먼저 떠올린다. 예전에 그렇게 낯선 파티에 갔을 때 본인이 어떠했는지, 새로운 모임에 참석했을 때 어떤 기분이었는지 등을 떠올린다. 과거의 경험이 계속 성공적이었다면 별문제가 없겠지만, 실패의 경험이 있었다면 그것에 사로잡혀 새로운 도전을 주저하게 될 수 있다.

햄릿이 되는 것을 예방하기 위해서는 먼저 외부 소통을 늘려야 한다. 외부 소통이 현저히 적은 내향인은 자신이 얼마나 열심히 꼼꼼하게 준비하는지 모를 때가 많다. 객관적으로 자신의 준비 상태, 현황을 파악하고 체크하면 행동의 타이밍을 확실하게 잡을 수 있다.

무엇보다 스스로에 대해 관대함을 가져야 한다. 내향인이 직접 행동에 나서지 못하고 준비에만 집중하는 까닭은 불안하기 때문이다. 미래가 불확실하기 때문에 현재 자신이 할 수 있는 준비에 더 집착하게 된다. 이런 불안을 극복하기 위해서는 오히려 불안을 직면하고 실패의 가능성을 인정해야 한다. 잠재적 리스크에 대비하는 것은 당연히 필요한 일이지만, 그와 동시에 모든 리스크에 대비할 수 없다는 것, 그리고 철저히 준비하더라도 실패할 가능성이 있다는 것을 받아들여야 한다. 이렇게 주변을 둘러보고 스스로에게 너그러워지면 분석적 성향이 행동력 결여, 소극적 자세, 불안의 원인으로 작용하는 것을 방지할 수 있다.

3 | 예리한 관찰력

    내향인의 세 번째 강점은 바로 예리한 관찰력이다. 관찰력은 사전적으로 '주변 사물이나 현상을 자세히 살펴보는 능력'이다. 관찰력은 삶을 살아가는 데 여러 이점을 준다. 중요한 이해관계자의 니즈를 포착하거나, 관심 있는 상대의 마음을 파악하여 손쉽게 호감을 살 수 있도록 도와주기 때문이다. 하다못해 물건을 살 때 하자 여부 등을 금방 파악할 수 있는 것도 장점이다.

    대부분의 내향인은 이런 관찰력을 선천적으로 갖고 태어난다. 변화를 순간적으로 파악하는 기민한 관찰력의 근간이 되는 내향인의 특징은 바로 민감한 신경계이다.

민감한 사람의 약 70%는 내향적이다

대부분의 내향적인 사람은 선천적으로 민감한 신경계를 갖고 태어난다. '민감성'이라는 개념은 1997년 미국의 심리학자 일레인 아론이 세계 최초로 정의한 개념이다. 지금까지의 연구를 종합해보면 민감한 사람의 약 70%는 내향적이라고 한다. 즉 내향인의 가장 큰 특징을 '선천적 민감성'이라고 말해도 틀리지 않을 것이다. 선천적 민감성은 주변 환경에 대한 수용성으로 생각하면 이해하기 쉽다.

선천성 민감성이 높은 사람은 둔감한 사람들과는 달리 주변 환경의 변화를 예민하게 받아들인다. 따라서 내향적인 사람들은 특유의 민감성 때문에 외부 자극을 줄이려고 하는 경향이 있다. 주변 환경과 직접적으로 상호작용하는 대신 한 발짝 떨어져 제삼자의 시선으로 세상을 바라본다. 자신을 지키기 위한 일종의 방어 기제 같은 행동이 예리한 관찰력을 만들어 내는 것이다. 예술적 재능을 가진 내향인들은 이러한 관찰력을 토대로 삼아 거장으로 거듭나기도 한다. 내향인 특유의 매력을 여러 측면에서 잘 설명한 《은근한 매력》의 저자 로리 헬고가 많은 인상파 화가들이 인물 관찰에 있어 특출 난 강점을 보였다고 말한 것도 이런 연유에서이다.

민감한 특성으로 빚어진 관찰력은 마치 현미경과도 같아서 아주 사소한 것에도 렌즈를 맞춰 그 변화를 잘 포착해낸다. 그 때문에 상대방과 이야기를 나누며 겉으로는 전혀 그렇지 않아 보여도 상대방이 속으로 언짢아한다거나 내심 기뻐하고 있다는 등 속내를 잘 파악해낸다. 물론 이렇게 파악한 것을 언어로 정교하게 전달할 수 있는지는 다른 차원의 문제이지만 말이다.

관찰력이 매우 뛰어난 내향인들은 상대방이 스스로 알아차리지 못한 본심까지 파악할 때가 많다. 누군가 고민을 상담해 오면 경청하는 동시에 말 한마디를 뱉을 때의 표정 등을 잘 관찰해 상대방의 진심을 꿰뚫는다. 내향인이 주변 친구들로부터 좋은 고민 상담자라는 피드백을 듣는 이유가 여기에 있다.

Point. 주변 환경을 의식하라

타고난 민감성을 더욱 예리한 관찰력으로 전환하기 위해서는 어떻게 해야 할까? 가장 중요한 것은 '의식'하는 것이다. 내향인은 애초에 태어나기를 민감하게 태어나서 주변의 모든 것들에 대해 예민하게 반응한다. 이렇게 반응하는 과정에서 본질적으로 의미 있는 것과 그렇지 않은 것을 걸러낼 수 있어야 한다. 또한, 자신에게는 너무나 당연하게 느껴지는 것들을 다시 한번 돌아볼 수 있어야 한다. 부연설명을 하자면 '너무나 당연하게 느껴진다는' 말은 둔감해서 그렇다는 것이 아니다. 오히려 너무나 민감하기 때문에 다른 사람들도 다 자신처럼 생각할 것이라 지레짐작하는 것을 말한다. 7장에서 다룰 '자각'과 '분리'의 힘을 기르면 타고난 민감성을 유의미한 관찰력으로 전환하는 데 큰 도움을 줄 것이다.

왓슨 : 셜록, 자네의 추리를 들으면 쉽고 간단해 보이는데, 왜 막상 해보려면 잘 안 되는 걸까?

홈스 : 글쎄, 자네가 평소에 주의를 기울여 관찰하지 않았기 때문이지. 예를 들어, 우리 하숙집의 1층에서 2층으로 오르는 계단을 자네는 몇 번이나 올랐나?

왓슨 : 몇백 번은 되겠지?

홈스 : 그러면, 그 계단이 총 몇 개인지 알고 있나?

왓슨 : 그건 세어보지 않았다네.

홈스 : 바로 그걸세. 계단은 총 17개이네. 자네는 주의를 기울여 관찰하지 않은 거야.

계단이 총 몇 개인지 관찰해야겠다는 의식이 없다면 아무리 민감한 내향인이라도 셜록 홈스가 아니라 존 왓슨이 되는 건 순식간이다. 타고난 민감성 덕분에 계단이 청소되었는지 또는 계단에 커피가 떨어졌는지 등은 직관적으로 알아차릴 수 있겠지만 조금 더 유의미한 정보를 발견하지 못하게 되는 것이다. 민감성이 유의미한 관찰력으로 전환되기 위해서는 주변 환경을 더욱더 생생하게 의식해야 한다.

Notice. 민감성이 자기비판의 실마리가 되지 않도록 경계하자

민감한 내향인은 잘못된 점, 오류, 결점 등을 발견해 내는 데 탁월한 재능이 있다. 그러나 모든 동전에는 양면이 있듯이 민감성에도 부작용이 있다. 바로 비판적인 성향이다. 예를 들어 민감한 내향인들은 문서 작업을 할 때 오류와 결점을 금방 찾아내고 이것을 그냥 넘어가지 못한다. 가끔은 강박적으로 결점을 찾아내려고 시도할 때도 있다. 건설적이고 비판적인 시각은 좋지만, 강박적으로 오류와 결점을 찾아내려는 행동은 자신을 갉아먹게 만든다.

이와 관련하여 2016년 미시간 대학교의 언어학 관련 연구 결과가 매우 흥미롭다. 연구팀은 우선 피실험자들을 외향적인 참가자와 내향적인 참가자로 구분한 뒤 모든 참가자에게 이메일을 발송했다. 발송된 이메일 중 일부는 맞춤법, 문법 등에서 조금씩 오류가 있었고, 일부는 맞춤법, 문법 등이 완벽했다. 연구팀은 실험 참가자들에게 각 이메일을 읽고 이메일 발송자의 신뢰도, 친절함 등을 평가하도록 했다. 조사 결과, 내향적인 사람들은 외향적인 사람들에 비해 맞춤법 오류 등이 있는 이메일의 작성자에 대해 신뢰할 수 없고 친절하지도 않다고 평가하였다. 즉 외향적인 사람에 비해 비판적으로 평가한 것이다.

물론 뛰어난 관찰력이 비판적 성향과 직결되는 것은 아니며 오류, 결점 등을 찾아내기 위해 관찰력은 꼭 필요하다. 다만 내향인에게 있어 날카롭고 예리한 관찰력은 자칫 누군가를 비판적으로 바라보게 할 가능성이 있으니 조심해야 한다.

가장 최악의 상황은 이 강박적 비판이 자기 자신을 향할 때이다. 앞서 언급한 독립성이 결여되어 있는 상황 속에서 관찰력만 뛰어나다면 그 사람은 주변 사람들과 자신의 차이점을 금방 알아차리게 된다. 그리고 독립성이 부족하기 때문에 있는 그대로의 자기 자신을 인정하기보다는 아주 미묘한 차이를 가지고 자기 자신을 부정하고 괴롭히게 된다. 결과적으로 자존감이 하락할뿐더러 완벽주의 성향이 강해져 문제를 야기하게 될 수도 있다. 이런 자기비판을 예방하기 위해서는 반드시 독립성을 길러야 한다. 첫 번째 강점으로 언급된 독립성이 확실하게 내재되어 있다면 내향인의 예리한 관찰력은 사회생활의 큰 무기가 될 수 있다.

4 | 강한 지구력

내향적인 사람들의 네 번째 강점은 지구력이다. 지구력에 대한 정의는 여러 가지가 있으나 쉽게 말하자면 '원하는 목표를 달성할 때까지 쉽게 만족하지 않고 꾸준히 노력하는 힘', 즉 '끈기'이다. 강한 지구력을 갖고 있으면 주변 환경에 휩쓸리지 않고 스스로가 세운 목표를 향해 꾸준히 나아갈 수 있다.

강한 지구력의 필수 요건은 쉽게 만족하지 않는 것이다. 목표를 향해 노력하다 보면 적당히 타협하고 싶은 순간이 찾아온다. 이러한 타협의 유혹을 극복하기 위해서는 쉽게 만족해서는 안 된다. 이런 관점에서 보면 지구력은 '쉽게 만족하려는 유혹에 굴복하지 않는 힘'이라고 봐도 무방하다.

초인지 능력이 뛰어난 내향인

쉽게 흡족해하지 않기 위해서는 나에게 주어진 '만족스러워' 보이는 상황을 보다 객관적으로 바라볼 필요가 있다. 그러기 위해서는 '초인지(Meta-cognition, 자신이 어떤 것을 알고 어떤 것을 모르는지와 같이 지식과 사고에 대한 인지, 인지 및 사고에 대한 조절이나 통제 전략을 의미)' 능력이 필요하다. 이 능력이 탁월할수록 자신에게 주어진 상황을 다각도로, 그리고 객관적으로 바라볼 수 있다. 아무리 만족스러워 보이는 상황이더라도 그 만족감에 취하지 않고 미처 체크하지 못한 위험 요소는 없는지, 부정적인 측면은 없는지 자꾸 돌아보는 것이다.

'초인지' 또는 '메타인지'는 자신에게 주어진 상황을 차근차근 객관적으로 분석할 수 있을 때 극대화된다. 따라서 스스로 혼자만의 시공간을 찾아 곰곰이 상황을 되돌이켜 보는 내향인은 이런 초인지 능력을 발휘하는 데 유리하다. 한발 나아가 내향인은 외부에서 오는 부정적 피드백을 외향인 보다 진지하게 받아들이는 경향이 있다.

위스콘신대학교의 심리학자 조셉 뉴먼은 외향인과 내향인이 부정적인 피드백을 받았을 때 어떻게 변하는지 확인하기 위해 점수에 비례해 돈을 더 많이 받는 게임을 고안했다. 컴퓨터 스크린에 서로 다른 12개의 숫자가 무작위로 지나가고 참가자들이 숫자가 지나갈 때마다 버튼을 누르는 게임이었다. 이 무작위 숫자 중에는 '점수를 따는 숫자'가 있고 '점수를 잃는 숫자'가 있었다. 가령, 숫자 3에 버튼을 누르면 점수를 따고, 숫자 8에 버튼을 누르면 점수를 잃는 방식이다.

　실험 결과 조용하고 사색적인 내향인들은 점수를 잃으면, 다시 말해 '부정적인 피드백'을 받으면 자신의 선택을 되돌아보기 위해 게임에 반응하는 속도를 늦췄다. 내향적인 사람들은 외부에서 부정적인 피드백이 주어지면 그것으로 자신의 현 상황을 면밀하게 생각해보는 경향이 있기 때문이다. 반면, 행동파인 외향인들은 '부정적인 피드백'에도 불구하고 버튼을 누르는 속도를 높였다. 도파민에 강하게 영향받는 외향인들은 부정적 피드백을 받았을 때, 그것에 대해 깊게 고민하고 반추하기보다는 짜릿한 스릴과 자극에 더 집중하는 것이다.

　한마디로 내향인은 만족의 유혹에 쉽게 굴복하지 않는다. 내향인은 자꾸 눈앞의 상황을 조사하고, 따져보려고 한다. 그 때문에 내향적인 사람들은 때로 '왜 나는 외향적인 사람들처럼 기쁘지 않지?'라는 의문을 품을 수 있다. 그러나 이런 의구심에 빠질 필요가 없다. 내향적인 사람들은 선천적으로 쉽게 만족하지 않으며, 항상 더 높은 목표를 향해 나아가는 기질을 타고난 것뿐이다.

Point. 본질에 집중하라

눈앞의 즉각적인 만족감에 쉽게 흔들리지 않는 '만족 지연' 능력을 지구력으로 변화시키기 위해서는 본질에 집중해야 한다. 아무리 순간의 보상에 만족하지 않고 더 높은 목표에 집중하더라도 주의가 흩어지면 지구력을 유지하기 힘들기 때문이다. 그렇다면 본질이란 무엇일까? 본질은 바로 '진짜' 내가 집중하는 것이다.

내가 진정으로 원하는 욕망, 진심으로 이루고 싶은 목표 등을 명확하게 알아차리는 것이 본질에 집중하는 것의 시작이다. 스스로 추구하는 목표, 그리고 그 목표를 방해하는 것 등이 무엇인지 명확하게 인지하면 순간의 보상과 만족이 일시적인 것임을 알게 된다. 이와 관련하여 7장에서 다룰 '자각'과 '분리'의 개념이 본질에 집중하는 힘을 기르는 데 구체적인 도움을 줄 것이다.

Notice. 자신을 탈진시키지 않도록 경계하자

목표를 향해 눈앞의 유혹에 흔들리거나 쉽게 만족하지 않고 묵묵히 나아가는 지구력은 분명 탁월한 강점이다. 그러나 만족하고 싶은 욕구를 계속 참는 것은 탈진의 원인으로 작용하기도 한다. 에너지가 소진되어 지쳐버리는 것을 의미하는 탈진은 요즘 '번 아웃'이라는 용어로 사회 현상화되었다.

의욕적으로 일에 매진하다가 어느 순간 극심한 피로감을 느끼며 무기력증, 심하게는 자기혐오까지 느끼는 '번 아웃'은 더 이상 찾아보기 힘든 현상이 아니다. 당장 주변을 둘러봐도 번 아웃을 겪고 있는, 또는 이미 겪은 친구들이 드물지 않다. 번 아웃이 발생하는 원인에는 여러 가지 의견이 있지만, 중간중간 휴식을 취해야 하는 타이밍을 놓친 것이 주요 원인으로 이야기된다. 이런 관점에서 내향인의 지구력은 자칫 잘못하면 번 아웃을 야기할 여지가 있다.

내향인은 정신적, 신체적 고통을 잘 참는 편이다. 게다가 내향인은 고통과 스트레스를 으레 감내해야 하는 것으로 여기고 그냥 무턱대고 견디는 경우가 많다. 특히, 주변 사람에게 자기 고민을 털어놓는 것이 익숙하지 않은 내향인의 특성상 자기가 현재 겪고 있는 피로감이 얼마나 위험한 수준인지 객관적으로 판단하기도 어렵다. 내향인은 타인에게 속마음을 털어놓거나 수다를 떨면서 스트레스를 발산하기보다는 혼자 떠안고 끙끙대는 경우가 보편적이기 때문이다. 이렇게 자신의 상태를 자각하지 않고 우직하게 지구력만 발휘하다 보면 결국 번 아웃을 겪고 에너지가 바닥으로 떨어지기 십상이다. 사회적 에너지를 충전하는 효율이 좋지 못한 내향인에게 있어 번 아웃, 다시 말해 에너지의 100% 소진은 대단히 위험한 일이다.

지구력이라는 강점을 만들기 위한 노력이 '에너지의 100% 소진'이라는 약점으로 변모하는 것을 예방하기 위해서는 항상 자신을 점검하고 본인의 상태를 자각해야 한다. 너무나 당연한 말처럼 들릴 수도 있다. 그러나 외부 자극을 최대한 차단하려 하고 내면의 세계에 집중하는 내향인의 입장에서 타인의 상태와 자신의 상태를 객관적으로 비교하기란 매우 어렵다. 그러니 수시로 주변 환경을 둘러보며 스스로 과부하가 걸려있는지 확인해야 한다. 만약 과부하가 걸려 있는 상태라면 에너지를 충전할 수 있는 '회복 환경'으로 되돌아가야 한다. 내향인이 에너지를 충전하기 좋은 회복 환경에 대해서는 7장에서 구체적으로 다룬다.

도리스 메르틴 박사의 말처럼 지구력이 좋은 내향인은 때때로 F1 스포츠카를 연상시킨다. 다른 차들의 움직임보다 자신과의 싸움에 집중해야 하는 카레이싱에서는 중간 점검을 위한 피트인이 필수이다. 더 멀리 나아가려는 내향인이라면 적시에 피트스톱으로 돌아가 자신의 상태를 점검해야 한다.

내향인의 다섯 번째 강점은 배려심이다. 배려심이란 타인에게 폐를 끼치지 않으려는 의도, 다른 사람을 챙기고 보살피려는 마음가짐 등을 통틀어 말한다. 혹자는 배려심처럼 평범하고 흔한 태도와 자세, 마음가짐이 어떻게 강점이 될 수 있냐고 의문을 제기할지도 모르겠다. 그러나 배려심은 분명히 강점이다.

　나의 의사와는 무관하게 사적 영역을 멋대로 침범하고, 내가 내켜하지 않으면 오히려 나를 쪼잔한 사람으로 몰아가는 그런 배려 없는 사람들과 함께했을 때를 생각해 보자. 그런 사람하고 다시 어울리고 싶었던가? 반대로 아는 사람이 하나도 없는 모임에 참석했을 때 먼저 말을 걸어주고 챙겨주는 사려 깊은 사람을 떠올려 보자. 그 사람과 조금 더 친분을 맺고 싶었는데 그러지 못해 아쉬웠던 적이 있을 것이다. 이처럼 배려심은 인간관계에서 사람을 끌어모으는 가장 매혹적이고 강력한 요소이다.

내면의 연약함은 배려심의 근간이다

지금까지 살펴본 내향인의 강점은 결국 배려심으로 귀결된다. 내향인의 독립성은 자기 자신의 영역이 중요한 만큼 타인의 영역을 존중하게 만든다. 준비성은 타인과 대면하기 전에 필요한 것들을 꼼꼼히 챙기는 것으로 이어진다. 관찰력은 다른 사람의 기분이 변하는 것을 시시각각 알아차리게 만든다. 지구력 또한 한번 맺은 인간관계에 집중하고 충실하게 유지할 힘이라는 측면에서 배려심의 근간을 이룬다. 이에 우선하여 내향인을 더욱 사려 깊고 매력적인 사람으로 만드는 특징이 있다. 바로 내면의 연약함이다.

내향인의 내면에는 외부 자극에 취약하고 쉽게 상처를 받는 연약한 면이 존재한다. 그렇기 때문에 갈등을 싫어하고 분쟁을 피하고 싶어 한다. 불편한 상황과 감정을 아무렇지도 않게 받아들이기 쉽지 않기 때문이다. 물론 대다수의 내향인은 사회생활을 하면서 이런 불편함을 능숙하게 다루는 방법을 학습한다. 이 책의 후반부에서도 그러기 위한 전략을 다룬다.

내향인의 내면세계 어딘가에 존재하는 연약함은 결코 내향인의 단점이 아니다. 왜냐하면 이 연약함이 다른 사람을 더 배려하도록 만들기 때문이다. 내향적인 사람들은 스스로가 외부 자극에 취약하고 연약한 만큼 다른 사람들도 그러리라 생각한다. 즉, 내향적인 사람들은 어떤 말을 하거나 행동을 할 때 그 말과 행동이 다른 사람들에게 어떤 영향을 줄지 깊게 고민한다. 만약 본인이 그 말과 행동을 들었을 때 어떤 기분일지를 상상해 보는 것이다. 역지사지의 배려심이 배어 있는 내향인은 외향인의 거침없는 행동을 보며 때로는 이해하기 어렵기도 하고 부럽기도 하다. 내향인 입장에서는 다른 사람들이 기분 나빠하지 않을까 걱정되어 할 수 없는 행동이기 때문이다.

이렇게 상대방의 기분을 생각하는 배려심은 역설적이게도 내향인에게 있어 외향적 태도의 동력으로 작용하기도 한다. 외향적 태도는 주변과 교류하는 과정에서 상대를 향한 배려와 예의이다. 다른 내향인과 교류할 때 그가 상처를 쉽게 받을 수 있다는 사실을 알고 있기에 선뜻 평소와는 다른 외향적 태도를 보일 수 있게 하는 힘이 바로 배려심이다.

물론 배려심에서 나오는 외향적 태도의 형태는 사람마다 천차만별이다. 정말 외향적인 사람처럼 먼저 말을 걸고 다가가는 행동을 능숙하게 하는 내향인도 있다. 그러나 대부분의 내향인은 상대방이 좋아하는 행동을 하기보다는 상대방이 싫어하는 행동을 하지 않는 것이 더 중요하다고 생각한다. 그래서 내향인의 외향적 태도는 대부분 상대방에게 불편을 끼치지 않기 위한 행동으로 나타나는 경우가 더 많다.

Point. 마음을 단단하게 만들어라

내면의 연약함을 배려심으로 승화시키기 위해서는 단단한 마음을 가져야 한다. 나 자신을 사랑하고 내 마음이 단단할 때 내 안의 연약함을 상대방을 향한 배려심으로 전환할 수 있다. 단단한 마음을 갖는 비결은 나의 마음을 깊숙이 들여다보는 것에서 시작한다. 자신의 욕망이 무엇이고, 자신이 무엇을 좋아하고, 무엇을 싫어하는지 등을 명확하게 자각해야 한다. 내면의 연약함을 깊게 이해해서 내가 무엇을 싫어하고 어떤 일에 상처를 받는지 등을 구체적으로 알고 있으면, 내적 연약함으로 인해 상처를 받는 일이 줄어든다.

또한, 마음의 준비운동이 필요하다. 우리의 신체 근육이 준비운동 없이 바로 무리한 운동을 하다 보면 크게 다치는 것처럼 우리의 마음도 차근차근 준비운동을 해야 연약함을 배려심으로 계발하는 과정에서 상처를 입지 않는다.

우리는 때로 우리가 배려하고 싶은 형태로 배려를 한다. 그런데 그 배려를 상대방이 원하지 않는 경우가 존재한다. 이럴 때 우리는 상처를 받게 되고 정신적으로 방어기제가 작동해 다시는 배려심을 발휘하지 않겠다고 후퇴하는 경우가 생긴다. 이를 방지하기 위해서는 우선 나의 배려가 상대방에게 받아들여지지 않을 수도 있음을 인정하고, 내 안의 연약함을 인정해야 한다.

자신을 깊게 이해하고 마음을 단단하게 단련하는 방법은 뒤에서 더 자세하게 설명한다.

Notice. 죄책감을 느끼지 않도록 경계하자

지금까지 살펴본대로 내향인의 각 특성은 강점이 되기도 하고 취약점이 되기도 한다. 내면의 연약함이 부정적인 방향으로 변모하면 어떻게 될까? 과도한 배려심이 낳는 부정적인 영향은 바로 죄책감이다. 죄책감은 사전적으로 '저지른 잘못에 대한 책임감'을 의미하는데, '내가 해야 하는 일을 제대로 수행해 내지 못한 부채 의식' 역시 죄책감의 일종이다.

배려심이 큰 사람일수록 주변 지인이 어떤 문제를 겪고 있을 때 어떻게든 위로를 해주려고 하거나 해결 방안을 제시하고 싶어 한다. 그리고 자신의 위로나 해결 방안이 효과가 없다고 느껴지면 미안함을 느끼고 심하게는 무력감을 느끼게 된다. 이런 모든 감정을 죄책감으로 볼 수 있다.

내향적인 사람이 느끼는 죄책감은 위에서 예를 든 상황처럼 위로가 필요한 상황에서만 생겨나는 감정이 아니다. 외향성의 압력이 존재하는 사회를 살아가면서 내향인들은 자기 자신을 외향적인 형태로 드러내도록 압박받는다. 이런 상황을 불편하게 느낄 때 동시에 같이 드는 감정이 바로 죄책감이다. '나는 왜 다른 사람들처럼 활발한 상태를 유지하지 못할까?', '왜 나는 혼자 있고 싶을까?' 등과 같은 생각들은 마음을 힘들게 한다. 이런 죄책감을 자주 느끼다 보면 자칫 다른 사람들이 원하는 대로 행동하지 않으면 언젠가 버려지고 말 것이라는 공포감에 휩싸일 수도 있다.

내향적인 사람들이 죄책감을 느끼는 가장 큰 이유는 자신의 한계에 대해 잘 모르기 때문이다. 자신이 어디까지 감당할 수 있는지 그 범위가 불분명하다면 자신이 어떻게 할 수 없는 것, 자신의 능력과 배려심을 초과한 것에 대해 죄책감을 느끼게 된다.

캐나다의 작가 미카엘라 청은 《이젠 내 시간표대로 살겠습니다》에서 이런 불필요한 죄책감에서 벗어나는 방법을 제시한다. 바로 'Should(해야 한다)'의 사고방식을 'Wish(하고 싶다)'의 사고방식으로 전환하는 것이다. 이러한 사고방식의 전환은 스스로 관대해지는 방법이자 자신이 모든 것을 다 책임지려는 중압감에서 벗어나는 길이기도 하다. '나는 그 친구를 어떻게든 도와줘야만 해. 내가 어떻게든 위로해줘야만 해.'의 관점에서 '나는 그 친구를 돕고 싶어. 내가 지금 할 수 있는 것은 무엇이지?'의 관점으로 전환하면 자신이 할 수 있는 것과 할 수 없는 것을 구별해낼 수 있다. 그리고 자신이 할 수 없는 것에 신경 쓰기보다는 자신이 할 수 있는 것을 충실히 하고 있는지에 더 집중하게 된다.

빌 게이츠의 몰아치는 생각 정리 ✦

빌 게이츠는 현재 전 세계에서 가장 유명한 사람이자 가장 부자로 손꼽힌다. 1955년 출생으로 하버드 대학교를 휴학한 후 마이크로소프트를 설립해 전무후무한 성공을 거둔 그는 사업뿐만 아니라 학문적으로도 대단히 우수한 성취를 거두었다. 하버드 대학교 수학과 재학 중 알고리즘 관련 논문을 학술지에 발표했는데, 그의 알고리즘보다 뛰어난 알고리즘은 30년 뒤에나 나왔다고 알려져 있다. 현재는 노블레스 오블리주를 몸소 실천하며 빌 앤드 멜린다 게이츠 재단을 통해 아프리카 대륙의 물 부족 문제 해결뿐만 아니라 빈부 격차 해소, 코로나19 백신 개발 등에 앞장서고 있다.

컴퓨터의 황제 빌 게이츠가 사실은 내향적이라고?

많은 사람이 빌 게이츠가 사실 대단히 내향적인 사람이라는 이야기를 들으면 놀라곤 한다. 노벨평화상 후보로 거론될 정도로 세계 평화를 위해 활발히 활동하는 그의 모습은 전형적인 외향인처럼 느껴지기 때문이다. 그러나 그동안 빌 게이츠가 응해 온 인터뷰와 최근 넷플릭스를 통해 공개된 다큐멘터리 '인사이드 빌 게이츠(Inside Bill's Brain)'를 보면 그 또한 전형적인 내향인이라는 점을 단번에 알 수 있다.

빌 게이츠는 어릴 적 부모님이 정한 규칙이 싫으면 며칠이라도 말을 하지 않고 지냈으며, 고통스러운 일이 있거나 힘든 일이 있으면 다방면의 책을 읽으며 책 속으로 깊이 파고들었다고 한다. 그런 빌 게이츠를 보며 그의 어머니는 사교성을 길러 주기 위해 다양한 모임에 참석하도록 유도해야만 했다.

빌 게이츠의 아이디어 정리 방식 역시 전형적인 내향인의 방식이다. '인사이드 빌 게이츠'의 첫 시작은 멜린다 게이츠가 빌 게이츠의 생각 정리 습관에 관해 설명하는 것으로 시작한다. 그녀에 따르면 빌 게이츠는 평소 산책을 하면서 아이디어를 머릿속에 정리한다. 또한 그는 외부 사람을 만나서 정보를 습득하기보다는 책을 통한 정보 습득을 선호한다. 만약 어떤 주제 하나가 빌 게이츠를 사로잡으면 그는 그 분야에 대한 전문적인 책을 최소한 5권 이상 읽고, 그것들을 유기적으로 통합한다고 한다. 다큐멘터리에 나오는 빌 게이츠의 지인들은 하나 같이 입을 모아 '살면서 빌 게이츠처럼 아는 것이 많은 사람은 본 적이 없다'고 말한다.

빌 게이츠 벤치마킹 Point – 내향인의 생각 정리 기법

빌 게이츠는 자신의 내향성으로 인한 이점을 극대화하는 방법을 잘 알고 있는 것으로 보인다. 빌 게이츠의 독특한 휴가 방식이 한때 화제가 되었는데 '생각주간' 또는 '생각의 방'이라는 키워드로 알려진 그의 휴가 방식은 사실 단순하다. 매년 두 차례, 미국 서북부에 위치한 그만의 한적한 별장에서 홀로 일주일간 생활하는 것이다. 정확한 위치는 빌 게이츠와 음식 제공을 담당하는 관리인밖에 모른다고 한다. 그곳에서 그는 다이어트 콜라로 가득한 냉장고와 보고서를 읽을 컴퓨터 한 대를 가지고 '생각'만 한다. 이 '생각주간' 동안 대략 100건 정도의 보고서와 제안서를 읽고 그에 대한 생각을 정리한다. 외부 자극이 100% 차단된 곳에서 자기 자신에게 깊숙이 몰입할 수 있는 환경을 구축한 것이다. 이것은 이 책의 6장에서 다루는 회복 환경과 유사한 개념이다.

빌 게이츠의 '생각주간'은 내향인에게 있어 대단히 좋은 벤치마킹 모델이다. 내향인은 에너지 충전, 창의적인 아이디어 발굴 등을 위해 의도적인 차단이 필요하다. 아이디어 개발을 위해 머리를 맞대는 브레인스토밍은 빌 게이츠를 비롯한 내향인에게는 큰 효과가 없다.

빌 게이츠로부터 배워야 할 점이 한 가지 더 있다. 거대한 프로젝트를 이끌고 위대한 도전을 하는 빌 게이츠 역시 좌절을 겪는 순간이 있다. 그는 그럴 때마다 감정적인 불안을 제거하고 최대한 객관적으로 생각하려고 한다고 말한다. 마음이 무척 섬세하고 민감한 내향인은 때로 감정적인 불안에 압도되어 버리는 경우가 있다. 이런 감정적인 불안에 효과적으로 대처하는 방법 중 하나가 빌 게이츠처럼 객관적 사실에 집중하는 것이다. 이는 7장에서 다룰 '생각'과 '감정'을 분리하는 기법과 유사하다.

현재 미디어에서 볼 수 있는 빌 게이츠의 모습은 대단히 이상적인 내향인에 가깝다. 그는 자신의 내향성을 받아들여 아이디어를 생각해 내거나 힘든 일을 극복하기 위한 그만의 전략을 갖추었다. 동시에 프레젠테이션 등 흔히 외향적인 사람이 더 잘한다고 생각하는 영역에 대해서도 많은 연습과 노력을 통해 충분히 잘 해내고 있다. 내향적인 사람이 배워야 할 점이 바로 이 부분이다. 자신의 본질을 억지로 바꿀 필요가 전혀 없다. 사회적 대인관계 기술 등 필요한 부분이 있다면 연습과 노력을 하면 될 뿐이다. 내향성으로 인한 특징들, 가령 혼자 깊이 생각하는 습관 등을 자신만의 강점으로 계발하는 것이 관건이다.

Chapter 5

매력적인 내향인이
되는 5가지 기술

- 대인관계 상호 작용 기술

"대부분의 사람은 내 편도 아니고 내 적도 아니다. 또한 자신이 무슨 일을 하든 자신을 좋아하지 않는 사람들은 있게 마련이다. 모두가 자신을 좋아하기를 바라는 것은 지나친 기대이다."

– 리즈 카펜터

1 | 속마음을 전달하는 기술

외향인 A : 이번 주에 롯데월드 갈까?

내향인 B : (저번 주에 재즈 페스티벌 갔다 왔는데…. 이번 주는 그
냥 쉬고 싶다…) 롯데월드? 글쎄…, 조금 춥지 않을까?

외향인 A : 아니야, 내가 작년 이맘때 갔었는데 놀이기구 타고 그러
다 보면 하나도 안 추워.

내향인 B : (아, 롯데월드 기 빨릴 것 같은데…) 음… 글쎄, 롯데월드
말고 뭐가 없을까?

외향인 A : 뭐야! 가기 싫어서 그래? 재밌을 거 같은데.

내향인 B : 아니, 가기 싫은 건 아니고…. 그냥 좀 추울 것도 같고 피

곤할 것도 같고 그래서….

외향인 A : 막상 가보면 재미있을 거야~. 저번 주 페스티벌도 그랬
잖아. 막상 페스티벌에서는 재미있었잖아. 가자~, 가는
거다. 응?

내향인 B : (아…, 쉬고 싶은데…) 그래, 알겠어.

위 예시는 실제 사례를 재구성한 대화이다. 현실에서는 예시
의 내향인 B처럼 확실하게 자기 의사를 표현하지 못하는 내향인
도 있을 것이고, 내향적이지만 저런 상황에서 확실하게 자기 의
사를 표현하는 사람도 있을 것이다. 후자는 의식적으로나 무의
식적으로나 자기 의사를 표현하는 것의 중요성과 방법을 후천적
으로 학습한 경우가 많다.

내향적인 사람들은 자신의 속마음을 명확하게 표현하지 못해
연인에게 또는 주변 친구들에게 휩쓸리는 경우가 잦다. 이로 인
해 의도하지 않은 부작용이 생기기도 한다. 가장 흔한 문제는 내
향인 스스로가 스트레스를 받는다는 것이다. 이렇게 스트레스
가 누적되다 보면 상대방과의 관계가 마치 언제 터질지 모르는
시한폭탄처럼 위태롭고 불안해진다. 만약 내향인의 스트레스가
폭발해 갈등이 불거진다면 그 관계는 다시 복구하기 힘들다. 왜

냐하면 외향인 입장에서는 내향인이 소위 말해 '뜬금없이' 화를 내는 것처럼 느끼기 때문이다.

그러므로 내향적인 사람들이 외부 세계와 상호 작용하는 과정에서 필수적으로 익혀야 할 첫 번째 기술은 자신의 속마음을 잘 전달하는 것이다.

왜 속마음을 표현하기가 어려울까?

내향인이 속마음을 잘 표현하지 못하는 원인을 생각해보면 크게 두 가지이다.

첫 번째, 내향인의 약점 중 하나인 죄책감 때문이다. 내향인은 만약 자신이 본심을 말했을 경우 상대방이 어떻게 느낄지 걱정한다. 위에서 언급한 사례에서 만약 내향인 B가 롯데월드에 가기 싫다고 본심을 피력한다면 외향인 A가 실망할까 걱정하는 것이다. 이것은 내향인이 상대방의 기분을 배려하면서 말하는 방법을 확실히 익혀야 속마음을 제대로 전달할 수 있다는 의미이기도 하다.

두 번째, 내향인은 타이밍을 모른다. 정확히 말하자면 본심을 말해야 하는 타이밍을 모른다. 이 타이밍을 파악하려면 자기 자신의 임계점을 알아야 한다. 앞의 예시에서 보자면 내향인 자신이 한 번 더 주말 야외활동을 감당할 수 있는지, 아니면 정말로 에너지가 다 소진되어 꼭 쉬어야만 하는지를 먼저 정확히 파악해야 한다.

대화를 나누는 상대방을 고려하지 않고 내향인 자신만의 상황을 고려해도 문제없느냐고? 앞서 우리가 살펴본대로 내향인의 최대 강점 중 하나는 '배려심'이다. 단언컨대 내향인은 이미 충분히 배려하고 있다. 실제로 나는 주변으로부터 배려가 과하다는 피드백을 자주 듣는다. 예를 들어, 내가 어떤 제안을 거절하는 이메일을 쓰고 발송 전 주변 사람들에게 조언을 구하면 열이면 열, 너무 저자세로 이메일을 쓰는 것 같다고 말한다.

결론을 말하자면 스스로 한계에 도달했다고 느껴지는 순간에 혹여 상대방을 배려하지 못한 것은 아닌지 고민할 필요는 없다. 그런 고민을 하는 당신은 이미 충분히 상대방을 배려했다.

상대방을 존중하는 비폭력 대화법을 익히자

내향인이 자신의 본심을 확실하게 표현하기 망설이는 이유는 혹시 자신이 상대방에게 상처를 주지 않을까 하는 걱정 때문이다. 이런 걱정은 상대방을 비난하거나 비판하지 않으면서, 즉 상처를 주지 않으면서 자신의 속내를 솔직하게 드러내는 방법을 모르기 때문에 생긴다.

나 또한 이 문제로 오랫동안 고민했었는데, 심리 상담을 받던 중 상담 선생님이 권해주신 '비폭력 대화법'을 통해 해답을 찾을 수 있었다. '비폭력 대화법'은 자신의 욕구와 느낌을 중심으로 한 '나 전달법'이다. 자신의 솔직한 욕구와 느낌에 집중해 소통하게 되면 상대방을 평가하거나 비난하는 것으로부터 자유로워질 수 있다.

우선 상대방에게 정신적인 폭력을 가해 분노와 화를 불러일으키는 말의 예시를 보자.

1) "너는 왜 맨날 늦어? 내가 만만해?"
2) "왜 말을 항상 그딴 식으로 해?"

우리는 자기 자신의 가치관과 맞지 않거나 욕구가 좌절되는 순간 위와 같은 말을 내뱉곤 한다. 이것은 '상대방 중심 전달법'으로 이런 식으로 상대방을 비난하면 상대방은 자신의 잘못을 인정하기보다는 부끄러움을 느끼고 이어서 분노하게 된다.

일반적으로 이러한 자신의 대화법에 문제를 느끼고 개선하려고 하는 사람들은 보통 말하는 톤과 매너를 완곡하게 바꾸는 방식으로 접근한다.

1) "바쁜 일 있었어? 다음부터는 일찍 나오면 좋을 것 같아"

2) "말이 조금 공격적인 것 같아. 우리 조금 더 예쁘게 말하자"

그러나 이런 말 역시 근본적으로 상대방의 행위를 평가한다는 데 한계가 있다. 더욱 적극적인 변화를 원한다면 말속에 감춰진 자신의 욕구를 정확히 알아야 한다. 앞의 예시에서 수면 아래 잠재된 욕구를 살펴보자.

1) "너는 왜 맨날 늦어? 내가 만만해?"

나의 욕구) 약속 시각을 지켜야 한다는 가치관 또는 상대방을 정확한 시간에 만나고 싶다는 욕구가 좌절됨

2) "왜 말을 항상 그딴 식으로 해?"

나의 욕구) 상대방의 언어로 내 마음이 다쳐서 서로 평온한 대화를 나누고 싶다는 욕구가 좌절됨

결국 자신의 욕구와 가치관이 충족되지 않아 그것을 상대방이 만족시켜 주기를 바라는 마음이 공격적으로 표현된 것이다. 핵심은 상대방을 비난하지 않으면서 자신의 욕구를 직접적으로 전달하는 것이다. 미국의 임상심리학자 마셜 B. 로젠버그는 이를 위한 '비폭력 대화' 프로세스를 다음과 같이 제안했다.

1) 관찰 : 객관적으로 관찰된 사실을 언급한다.

2) 느낌 : 관찰 결과에 대한 느낌을 표현한다.

3) 욕구 : 그렇게 느끼게 되는 원인인 욕구와 가치관을 생각한다.

4) 부탁 : 이에 따라 원하는 바를 구체적으로 전달한다.

앞서 살펴본 문장을 비폭력 대화법으로 바꿔보면 다음과 같다.

"네가 늦게 나와서 나는 조금 섭섭해(관찰과 느낌). 나는 너랑 조금이라도 더 오래 같이 있고 싶어(욕구). 다음부터는 조금만 더 일찍 나와줄 수 있을까(부탁)?"

"네가 그렇게 말해서 나는 서운해(관찰과 느낌). 나는 우리가 조금 더 차분하게 의견을 나눴으면 좋겠어(욕구). 우리 조금만 더 예쁘게 말해보자(부탁)."

사실 비폭력 대화법을 일상에서 실천하기는 쉽지 않다. 그래서 조금 더 쉽게 비폭력 대화법을 적용하기 위해 내가 제안하는 방식은 우선 '자신의 욕구'에 충실해지는 것이다. 친구, 연인 등 내향적인 사람들의 주변인은 때때로 내향인의 속을 알 수 없어 답답하다고 말한다. 따라서 내향인이 자신의 욕구를 명확하게 밝히는 것은 건강한 의사소통의 초석이 된다.

맨 처음의 예시로 돌아가 보면, 내향인 B는 외향인 A와 좋은 시간을 보내고 싶은 욕구가 있으나 롯데월드에서 에너지가 소진되어 그러지 못할 것 같아 걱정하고 있다. 따라서 다음과 같이 전달하는 것이 좋다.

"A야, 나는 너랑 항상 즐겁고 좋은 시간을 보내고 싶어(욕구). 그런데, 내가 만약 이번 주에도 야외 데이트를 하면 정말 에너지가 다 빠져서 그러지 못할 것 같아(관찰과 느낌)."

여기에 "우리 이번 주에는 영화를 보고 다음에 롯데월드에 가는 건 어때?" 하고 대안을 덧붙일 수도 있다. 요지는 자신의 욕구를 중심으로 소통하면 상대방의 기분을 상하게 하지 않으면서도 속마음을 확실하게 전달할 수 있다는 점이다.

임계점을 파악하자 :
정신적, 신체적 에너지 수준 비교하기

　내향인은 가끔 자기 자신의 본심을 헷갈릴 때가 있다. 예를 들어 맨 처음 예시에서 내향인 B는 실제로 롯데월드에 가고 싶은 마음이 어느 정도 있을 수 있다. 다만 그 마음의 크기를 정확하게 모르는 것이다. 쉬고 싶은 마음도 있고 밖에 나가고 싶은 마음도 있으나 밖에 나갈 경우 에너지가 얼마나 소진될지 예측이 안 될 때, 내향인은 본심을 표현하기 머뭇거린다. 또한 몇몇 내향적인 사람들은 자기 자신을 극한으로 몰아붙이는 경향이 있어서 자신이 너무 빨리 포기하거나 어리광부리는 것은 아닌지 자신을 의심하며 본심을 억압할 때도 있다.

　이럴 때 스스로 임계점에 도달했는지, 아니면 자신을 한 번 더 채찍질해야 하는 순간인지 구분하는 방법이 있다. 바로 정신적 에너지 수준과 신체적 에너지 수준을 비교해 보는 것이다.

　내향인은 자신의 정신적 반응보다 신체적 반응에 집중해야 한다. 4장에서 언급한 내향인의 주요 특성 중 하나는 지구력의 기반이 되는 '만족 지연'이다. 만족을 최대한 지연시키는 특징은 자기 자신을 극한 상황으로 몰아붙이는 상황을 초래할 수 있다.

실제로 나는 최근에 신체적 에너지 수준을 무시하고 정신적 에너지 수준과 내가 갈망하는 목표에만 집중하다가 크게 앓았던 적이 있었다. 당시 나는 운동을 열심히 하는 동시에 업무에 집중하고 있었다. 그때 나의 정신적 반응은 운동을 더 열심히 하고 더 생산적으로 살아야겠다는 것이었다. 그러나 당시 나의 신체적 반응은 휴식이 필요하다는 것이었다. 전형적인 내향인인 나는 내 몸이 휴식을 원한다는 것을 제대로 인지하지 못하고 내가 게으름을 피우는 것은 아닐까 걱정하면서 나 자신을 더 몰아붙였다. 그 결과 지난 10년 중 가장 심하게 앓아누웠다.

에너지가 내면으로 흐르는 내향인은 자신의 정신적 상태에만 집중하는 경향이 있다. 그러나 머리로는 에너지가 충분한 것 같아도 신체적으로 에너지가 탈진된 상황일 수 있다. 신체적 반응에 집중하라는 것은 바꿔 말해 자기 자신에게 관대해지라는 것이다. 즉 자기 자신을 억지로 몰아붙여서는 안 된다.

처음 예시에서 내향인 B는 스스로에게 물어볼 수 있을 것이다. '이번 주에 롯데월드에 간다면, 내가 활기차게 즐길 수 있을까? 아니면 나는 정말 휴식이 필요한 상황인가?' 이 질문에 외향인 A를 배제하고 솔직하게 대답해보는 것이다. 만약 정말 휴식이 필요하다고 판단된다면 그 욕구를 '비폭력 대화법'으로 상대방에게 전달하면 된다.

어떤 내향인은 솔직히 자신에게 자문해도 대답하기 어렵다고 말할 수 있다. 이럴 때 필요한 것이 7장에서 이야기할 '자각'이다. '자각'이란 말 그대로 자신의 욕망과 감각을 깨닫고 인지하는 것이다. 평소 자신의 욕망을 깊숙이 바라보고 자신의 오감을 생생하게 갈고닦으면 나의 욕구를 쉽게 알아차릴 수 있다. 연인, 주변 친구들과 상호 작용하는 과정 중 속마음을 전달해도 되는 순간인지 헷갈린다면, 자신을 둘러싼 것들을 자각하는 힘을 발휘해 자신에게 물어보자. 혹시 정신적 에너지가 신체적 에너지보다 앞서 있어 내가 지금 나를 혹사하고 있는 것은 아닌지 말이다.

자신의 욕구를 표출해야 하는 때를 알고 자신의 욕구와 느낌을 중심으로 전달하면 외부 세계와 보다 건강하고 안정적인 관계를 맺을 수 있다.

2 │ 거절을 잘하는 기술

동료 A : B, 이따 퇴근하고 소주 한 잔 할까? 삼겹살에 소주 한 잔!

내향인 B : 오늘? 오늘 좀 피곤한데.

동료 A : 야, 가자. C도 같이 가기로 했어. 이 앞에 새로 생긴

　　　　 삼겹살집 진짜 맛있다던데. 딱 한 잔만 하자.

내향인 B : 나 술도 잘 못 하잖아. 오늘은 그냥….

동료 A : (B의 말을 끊으며) 그냥 가는 거로! 알았지?

내향인 B : (아…, 싫은데…) 아니, 나 오늘은 피곤하다니까….

동료 A : 술 마시면 좋아져~. 가자. 가는 거다? 이따 보자!

내향인 B : (아, 진짜…) 어….

내향인이 외부 세계와 능숙하게 상호 작용하기 위한 두 번째 기술은 바로 거절을 잘하는 것이다. 많은 내향인이 자신의 속마음은 어찌 표현하더라도 상대방이 재차 제안해오면 난감해하는 경우가 많다. 능숙하게 거절하는 방법을 모르기 때문이다.

거절이 어려운 이유가 무엇일까?

회사 생활을 하면서 제법 흔하게 겪는 위와 같은 상황에서 "나는 좀 더 차분한 자리에서 편하게 속내를 털어놓는 게 좋아. 그런데 오늘은 너무 피곤하기 때문에 식사 자리에 내가 집중을 잘 못할 것 같아."라고 답한다면 어떨까? 거절 의사는 확실하게 전달되겠지만 사회성이 떨어진다는 반응을 불러일으킬 수 있다. 이렇게 가벼운 제안에 대해서는 '비폭력 대화법'이 아니라 단순하지만 명료하게 "아니오!"라고 거절 의사를 표현해야 한다.

그런데 이렇게 단순한 방법이 내향인에게는 어렵다. 첫 번째 이유는 내향인 특유의 죄책감 때문이다. 상대방이 나에게 호의를 베풀었는데 그것을 거절한다는 것 자체가 내향인에게는 스트레스로 다가오는 것이다.

내향인이 거절을 '잘' 못한다고 볼 수 있는 두 번째 이유는 거절하고 싶은 순간에 거절 의사를 잘 표현하지 못하는 것과는 다른 차원의 이유이다. 바로 '무작정 즉각적으로' 거절을 해버리는 경향이 있기 때문이다. 스스로에 대한 보호 본능 때문에 상대방의 제안에 대해 깊게 생각해보지 않은 채 무조건 '아니오'를 외치는 것 또한 현명하고 효과적인 거절이 아니다.

거절을 잘한다는 것은 본질적으로 자신의 현재 욕구와 상대방의 제안이 부합하는지 파악한 뒤 간단명료하게 의사를 전달함을 뜻한다. 그렇다면 내향인은 왜 때로 묻지도 따지지도 않고 '아니오'를 외칠까? 그 이유는 현 상황을 유지하고 싶어 하는 내향인의 심리 때문이다. '예' 또는 '아니오'라는 단어가 핵심이 아니다.

어떤 제안을 수락한다는 것은 내향인 입장에서는 자신이 예상하지 못했던 변화의 상황을 맞이하게 됨을 의미한다. 내향인은 어떤 변화나 선택에 있어 사전에 충분히 고려하는 신중한 성격이다. 이런 내향인이 예상치 못한 제안을 받게 되면 현 상황을 유지하고 싶은 마음에 일단은 "아니오."라고 대답하게 된다. 실제로 나 또한 회사에 다닐 당시 회사 동기들이 저녁 회식 등을 제안하면 일단은 "아니오."라고 대답하고 나중에 다시 생각해보니 괜찮을 것 같아 제안을 수락한 경험이 여러 번 있었다.

내향인은 이처럼 제안에 대해 싫다는 의사를 명확하게 표현하지 못하거나, 어떤 제안에 대해 반사적으로 "아니오."를 외치고는 나중에 마음이 달라지곤 한다. 따라서 스스로 후회하지 않고 거절을 잘하기 위해서는 우선 자기 자신에게 약간의 여유 시간을 주는 것이 필요하다. 또한 스트레스를 받지 않고 후회하지 않을 거절 방법을 찾아야 한다.

거절을 할 때는 제안에 대한 고마움을 표현하자

가벼운 제안, 격식 없는 상황에 알맞은 거절 전략은 단순하다. 바로 'No(아니오)'를 말하는 것이다. 대신 한 가지 조건이 있다. 거절의 의사를 전달한 뒤에 반드시 제안에 대한 고마움을 덧붙이는 것이다. 위의 예시에 적용해보자.

동료 A : B, 이따 퇴근하고 소주 한 잔 할까? 삼겹살에 소주 한 잔!
내향인 B : 아니. 나는 다음 기회에 함께 할게. 재미있을 것 같은데
　　　　　오늘은 피곤해. 같이 가자고 얘기해줘서 고마워.

간단하다. 거절을 하고, 제안 자체를 감사하게 생각한다는 것

을 표현하는 것이다. 굳이 마음에도 없는 "아쉽다.", "나도 가고 싶기는 하다." 등의 빈말을 덧붙이거나 "못 가서 미안해."라는 불필요한 사과를 할 필요가 전혀 없다. 간단하게 "아니, 재미있을 것 같지만 오늘은 쉴래. 제안해 준 것은 고마워."라고 거절 의사를 표현한 후 제안에 대한 감사를 표시하는 것으로 충분하다.

이렇게 거절하더라도 어떤 사람은 내향인이 제안이 가져다줄 재미를 모르는 거라고 여기며 자꾸만 그 제안을 반복하는 경우가 있다. 첫 번째 예시에서 술자리에 가면 얼마나 재미있을지 강조하는 것처럼 말이다. 이런 상황에 대한 전략도 단순하다. 그 제안의 가치를 인정하는 것이다.

동료 A : B, 이따 퇴근하고 소주 한 잔 할까? 삼겹살에 소주 한 잔!
내향인 B : 아니. 나는 다음 기회에 함께 할게. 재미있을 것 같은데 오늘은 피곤해. 같이 가자고 얘기해줘서 고마워.
동료 A : 막상 가면 재미있을 거야. 가자.
내향인 B : 맞아, 재미있을 것 같긴 해. 그런데 오늘은 쉴게. 고마워.

이 역시 간단하다. 격식 없는 상황에서 거절해야 할 때는 우선 심플하게 의사를 표현하고 제안에 대한 고마움을 표현하라. 재차 계속되는 권유에 대해서는 그 제안과 권유의 가치를 인정하라. 그것으로 충분히 거절의 의사가 전달된다.

제안을 받으면 잠깐 생각할 여유를 찾아라

내향인이 거절을 잘 못 하는 두 번째 경우는 너무 성급하게 거절해 버리는 것이다. 기본적으로 내향인에게 변화란 일종의 스트레스로 작용한다. 새로운 것을 해보거나 계획 밖의 일을 하는 것에 대해 큰 거리낌이 없는 외향인과는 다르다. 내향인은 어떤 제안을 받기 전에 이미 나름의 완벽한 계획을 세우고 있다. 따라서 새로운 제안을 받게 되면 그에 맞춰 자신의 계획을 수정해야 하고, 그러려면 당연히 새로운 제안을 검토할 시간이 필요하다. 조금 거창하게 이야기했지만, 간단히 말하자면 새로운 제안에 대해 고민할 시간이 외향인 보다 조금 더 필요하다는 뜻이다.

이런 관점에서 볼 때, 내향인이 거절을 잘하기 위해서는 우선 자신이 어떤 선택을 했을 때 그것을 후회하지 않도록 제안에 대해 생각해 볼 일말의 시간이 필요하다. 그러니 어떤 제안을 받았을 경우, 바로 응답하지 말고 우선은 생각할 여유를 달라고 말해 보자. 예를 들자면 다음과 같다.

동료 A : B, 이따 퇴근하고 소주 한 잔 할까? 삼겹살에 소주 한 잔!

내향인 B : 잠깐만. 조금만 생각해보고 말해줄게.

이렇게 생각할 시간을 달라는 요청은 또 다른 장점이 있다. 생각할 시간을 거친 뒤 전달하는 답에 무게감을 실어 준다. 즉, 위 사례의 동료 A 입장에서도 내향인 B가 어느 정도 생각하고 난 뒤 거절했기 때문에 조금 더 쉽게 거절을 인정하고 수용할 수 있다. 거절을 위해 생각할 여유는 내향인에게 용기를 불어넣어 준다. 처음에는 반사적으로 '아니오'를 말하더라도 한 번 더 생각해보면 나름의 계획을 수정하고 기쁜 마음으로 제안을 수용할 수 있게 만든다. 그러니 친구들이 무언가 제안했을 때 반사적으로 '아니오'라는 생각이 든다면, 일단은 생각할 여유를 달라고 하자. 한 번 더 생각해보면 마음이 바뀔지 모르니까 말이다.

내향적인 사람들이 외부 세계와 더 효과적으로 소통하기 위해 꼭 갖춰야 하는 전략 중 하나가 '거절 잘하기'이다. 어떤 제안에 대해 바로 답을 줘야 할 것 같은 압박에서 벗어나라. 한 템포 쉬면서 충분히 생각해본 뒤에 거절해도 결코 늦지 않다. 심리학자 미하엘 토모프의 말처럼 '제안을 거절하는 내가 나에게 도움을 청하는 사람보다 더 이기적이라고 할 수는 없다'.

3 | 잡담(Small talk)
하는 기술

　이번에 살펴볼 내향인의 상호 작용 전략은 '잡담(Small talk) 잘하기'이다. 내향인이든 외향인이든 사회생활을 하다 보면 처음 보는 사람으로 가득한 행사와 모임에 참석해야 할 일이 많다. 나이를 먹으면 먹을수록, 사회적 경력이 쌓이면 쌓일수록 그런 자리는 더 빈번해진다. 그런 자리에서 필수적인 요소 중 하나가 잡담이다.

　많은 내향인이 모임, 파티, 네트워킹, 행사 등의 자리에 참석하는 것을 반기지 않는다. 낯선 사람과 접촉하며 에너지를 충전하는 외향인과는 다르게 내향인은 에너지가 계속 소모되기 때문이다. 또한 그런 모임, 행사 등에서 낯선 사람을 만났을 때 일반적인 잡담에 대해 대다수의 내향인은 무의미하다고 느끼거나 어떻게 반응해야 할지 모르겠다고 생각한다. 그러나 모임, 행사, 네트워킹, 그리고 잡담 등은 살아가면서 결코 피할 수 없는 일이다.

피할 수 없다면 즐기라는 말이 있다. 내향인에게 모임과 잡담은 쉽게 즐길 수 있는 대상은 아니겠지만 확실한 전략을 세운다면 훨씬 매끄럽게 대처할 수 있다.

잡담은 시간 낭비이고 모임에 참석하는 것은 더욱 싫다?

시끌벅적한 음악이 들린다. 크게 심호흡을 한 뒤 문을 열고 들어간다. 멋지게 차려입은 사람들이 삼삼오오 모여 대화를 나누고 있다. 어둑어둑한 조명을 바탕으로 현란한 불빛이 왔다 갔다 한다. 내향인 B는 쭈뼛거리다가 맥주 한 잔을 들고 구석에 꿔다놓은 보릿자루처럼 조용히 서 있다. 갑자기 누군가 말을 걸어온다. "혼자 오셨어요?", "아, 네." 에너지가 넘쳐 보이는 그 사람은 몇 마디 말을 걸다가 이내 흥미를 잃은 듯 자연스럽게 자리를 뜬다. 내향인 B는 이런 생각을 하게 된다. '아, 이럴 거면 그냥 집에서 드라마나 볼걸. 내가 지금 여기서 뭐 하는 거지?'

내향적인 사람들에게는 꽤 익숙하게 느껴지는 상황이다. 애써 참석한 모임 자리는 너무 어색하고, 낯선 사람들과 대화를 해보려고 해도 'Small talk'라는 게 참 어렵기만 하다. 도대체 무슨 말을 해야 할지도 모르겠고, 말문이 막히다 보니 상대방이 나를 재미없는 사람으로 여긴다는 게 느껴지고…. 이렇게 악순환이 시작된다. 아래 내향인이 잡담에 스트레스를 받는 또 하나의 보편적인 예시가 있다.

지인 A : 내가 저번 주에 청담동에 있는 XX 레스토랑을 갔는데….

내향인 B : 아, 나도 거기 가봤는데!

지인 A : 피자 하고 파스타 먹었었는데, 글쎄 같이 간 친구가 ….

내향인 B : 아, 제 친구도 그런 적 있었어요.

소위 말하는 '영혼 없는 리액션'을 반복하고 있는 것이다. 내향인 중에도 학교, 회사 등 다양한 조직을 거치며 뛰어난 사회적 스킬을 계발한 사람들이 있다. 이들은 어떻게 보면 외향적인 사람들보다도 잡담에 능해 보인다. 그러나 실상을 보면 이들은 말의 공백을 두려워하기 때문에 상대방의 말에 집중하지 못하고 무슨 말을 할지 계속 고민하는 경우가 많다. 방송 언어로 '빈

오디오'를 채워야 한다고 생각하는 것이다. 이런 경우가 계속되면 결과적으로 스트레스를 받는 것은 자기 자신이다. 매일 밤 오늘 너무 말을 많이 하지는 않았는지, 그 말을 하지 말았어야 하는 건 아니었는지 고민하게 된다. 장기적 기억력이 뛰어난 내향인은 이런 '이불 킥'을 멈출 때까지 외향인 보다 오랜 시간을 필요로 한다. 한마디로 외향인이라면 일이 주일이면 새까맣게 잊어버릴 일을 내향인은 몇 달에 걸쳐 두고두고 곱씹으며 스트레스를 받는다.

잡담을 어려워하고 모임 참석을 두려워하다 보면 시간이 지날수록 내향인의 세계는 좁아져 간다. 가뜩이나 외부 활동으로 인해 얻을 수 있는 행복의 가치를 과소평가하는 내향인인데 잡담 때문에 모임을 기피하기 시작하면 삶의 또 다른 행복을 놓치게 된다. 그러므로 가급적 잡담을 위한 스킬을 익히고 모임 참석에 대한 거부감을 줄이는 것이 좋다.

잡담을 잘 못 하는 이유는 무엇일까?

대답을 재미없게 하거나, 반대로 어떻게든 대화의 빈 곳을 채우려고 말을 너무 많이 하는 것. 두 가지 모두 잡담을 잘 못 하는 예이다. 내향인에게 있어 두 경우의 원인은 근본적으로 같다. 잡담 자체를 두려워하기 때문이다. 익숙하지 않은 잡담을 하려니 할 말이 없기도 하고, 대화 중 공백이 발생하면 어색함 또는 불안함을 느껴 이 얘기 저 얘기를 하게 되는 것이다.

잡담은 본질적인 대화로 넘어가기 위한 중간 다리일 뿐이다. 내용 자체보다는 잡담을 자연스럽게 주고받고 있다는 것 자체가 중요하다. 잡담을 진지하게 받아들이기 시작하면, 잡담을 나누는 순간 '본질적인 대화에 앞서 친밀해지기 위해 공감대를 형성하자'라는 잡담 본연의 목적에서 벗어나게 된다. 본연의 목적을 잃어버린 잡담은 결국 진지하게 콘텐츠의 사실관계를 파악하는 갑론을박이 되거나 썰렁한 개그와 정적이 가득한 어색한 상황이 되어 버리고 만다.

태생적으로 본질적인 대화를 즐기는 내향인에게 잡담은 때때로 무의미한 것처럼 느껴진다. 그렇기 때문에 잡담 자체를 회피하고 심하게는 두려워하는 것이다. 그러나 잡담은 진지한 대화로 들어가기 위한 마중물이다. 그 나름의 의미와 기능이 분명히 존재하는 것이다. 내향인이 원하는 진지한 대화가 매끄럽게 진행되기 위해서는 잡담을 통해 친밀감과 공감대를 먼저 형성해야 한다. 그러니 잡담을 있는 그대로 받아들이는 것이 좋다.

나는 잡담을 책임질 필요가 없다!

잡담을 잘하는 비결은 우선 내가 그 잡담을 책임질 필요가 없다는 사실을 깨닫는 것에서 출발한다. 당신은 잡담의 재미를 책임질 필요가 없다. 잡담의 내용이 꼭 유익한 정보로 가득 찰 필요도 없으며 SNL(Saturday Night Live, TV 코미디쇼)처럼 웃음이 빵빵 터질 필요도 없다. 잡담은 그저 서로 잡담을 하면서 시간을 보낸다는 것 자체에 의의가 있다.

내가 억지로 분위기를 띄우기 위해 무리하지 않아도 된다는 사실을 알게 되면 한결 마음이 가벼워진다. 내가 할 일은 그저 가볍게 미소 지으며 맞장구를 치는 것이다. 낯선 모임에 참석해 어색해하는 내향인 B의 사례에 적용해보자.

참석자 A : 안녕하세요, 혼자 오셨어요?
내향인 B : (가볍게 웃으면서) 네, 혼자 왔어요. 혼자 오셨어요?

이걸로 그만이다. 가볍게 웃으면서, 상대방과 눈을 마주치며 성심성의껏 대답하는 것으로 충분하다. 여기서 한 발짝 더 나아가려면 '좋은 질문'을 하면 된다. 좋은 질문이란 대화에 참여하는 사람들이 다 같이 공감할 수 있는 질문이다.

참석자 A : 안녕하세요, 혼자 오셨어요?

내향인 B : (가볍게 웃으면서) 네, 혼자 왔어요. 혼자 오셨어요?

참석자 A : 네, 저도 혼자예요.

내향인 B : 아, 이 모임은 어떻게 오게 되셨어요?

좋은 질문을 한 뒤에는 그저 잘 들으며 공감해주면 된다. 대화의 공백을 두려워하지 말자. 대화 중 공백이 발생하면 그저 자연스럽게 웃으면 된다. 가볍게 웃으면서 공감을 표하고 좋은 질문을 하는 것은 '잡담의 순간'을 즐기는 가장 자연스러운 방법이다. 이것만으로도 상대방은 당신이 말수가 적지만 차분한 사람이라고 느끼게 된다.

마지막으로 당부하고 싶은 것이 있다. 절대 침묵을 두려워하지 말라. 많은 내향인들이 '침묵'이 의사소통을 단절하는 것으로 여기고 이를 무서워한다. 그러나 침묵 또한 의사소통의 한 방식일 뿐이다. 만약 침묵이 지속되어 상대방과의 관계가 어색해질 것 같다면 솔직하게 이유를 전달하면 된다. "제가 말주변이 없어서 이렇게 떨리는 자리에서는 말수가 없어지네요." 이 정도만 말해도 상대방과 공감대를 형성할 수 있다. 이것으로 충분하다.

모임에 참석하기 전,
참석 목적과 자신의 역할을 명확히 하라

모임, 행사, 파티, 네트워킹 자리 등에만 가면 도대체 뭘 해야 하는지 모르겠다는 내향인들. 이유가 뭘까? 사실 답은 이미 나와 있다. '뭘 해야 할지' 모르기 때문이다. 이게 무슨 말장난이냐고 생각할지 모르겠지만 사실이다. 내향인은 선천적으로 분석적이고 체계적인 성향을 갖고 태어났다. 결과적으로 준비성이 대단히 탁월한 경우가 많다. 그러므로 자기 자신이 뭘 해야 할지 모르는 '미준비' 상태로 모임에 가게 되면 혼란에 빠지게 된다.

회사 회식처럼 목적이 명확한 모임은 오히려 쉽다. 가서 적당히 분위기를 맞추면 되기 때문이다. 그러나 독서 모임, 동호회, 업계 종사자 모임, 동창회, 친목 도모 모임 등 자신이 자발적으로 참석할 수 있는 모임은 참으로 어렵다. 그래서 아예 불참해버리는 경우가 많다. 누군가는 자발적으로 선택할 수 있는 모임에 갈 때 굳이 준비할 필요가 있냐고 반문할 수 있다. 그러나 이것은 내향인에 대해 잘 모르고 하는 소리이다. 내향인에게는 어떤 모임이든 준비를 하는 것이 스트레스를 최소화하면서 오히려 여러 모임에 참여할 수 있도록 돕는 동기가 된다.

다음은 모임에서 받게 되는 스트레스를 최소화할 방법이다.

1. 모임의 기초 정보를 명확하게 파악하자

언제 시작해서 언제 끝나는지, 누가 몇 명이나 오는지, 취지가 무엇이고, 기존에 열린 적이 있다면 어떠했는지 등 개요를 파악하자.

2. 내가 모임에 참석하는 목적을 명확하게 설정하자

막연하게 새로운 사람이 아니라 정확히 누구를 만나서 어떤 관계를 형성할 것인지, 얻고자 하는 정보와 지식이 분명한지, 아니라면 어쩔 수 없이 참석해야 하는 자리인지 생각해보자.

3. 내가 구체적으로 담당할 수 있는 역할이 있다면 맡아라

격식 없는 모임에서도 나름의 역할이 있다. 그중 자신이 어렵지 않게 할 수 있는 역할을 담당하라. 이는 모임 중 뭘 해야 할지 모르는 상황에서 벗어나 한 가지 일에 집중할 수 있게 만든다.

4. '좋은 질문' 몇 가지를 준비하라

'좋은 질문'은 대다수의 공감을 살 수 있는 것이다. 예를 들어, 모임의 주최자에 대한 질문, 모임의 성격에 대한 질문 등은 낯선 사람과 쉽게 접점을 찾을 수 있는 질문이다.

지금까지 언급한 모임은 대부분 자발적으로 참석 여부를 결정할 수 있는 성격으로 취미로 활동하는 북클럽, 운동 동호회, 그리고 커리어 관리 목적의 네트워킹 행사 등을 포함한다. 이렇게 자발적으로 참석을 결정할 수 있는 자리의 참석 여부를 고민할 때는 나의 참석이 그들에게 선물이 될 것이라는 사실을 잊지 말자.

내향인은 때때로 외부 활동에서 오는 행복을 과소평가하는 경향이 있다. 익숙하지 않기 때문에 외부 활동에 대해 '모임에 가면 재미는 있겠지만 나한테는 별 의미 없어'라는 반응을 보인다. 그러나 자신이 감당할 수 있는 범위 내에서 외부 활동을 하는 것은 인간의 삶을 풍요롭게 만드는 길이다. 만약 참석 여부를 고민해봤는데 에너지가 충분하지 않다고 느낀다면? 간단하다. 두 번째 상호 작용 기술 '거절 잘하기'를 활용하면 된다.

삶의 활동 반경이 넓든 좁든 살아가면서 많은 모임, 행사, 파티 등에 초청받게 된다. 그런 자리에서 만난 사람들과 과하거나 진지하지 않은 잡담은 필수나 다름없다. 이런 상황에 대해 내향인은 어쩌면 《오만과 편견》의 주인공 미스터 다아시처럼 생각할지 모르겠다. '아무런 부담 없이 처음 보는 사람들과 대화를 나누는 사람들이 있지. 나한테는 그런 기술이 없지만.' 미스터 다아시의 쓸쓸한 고백은 내향적인 사람들의 공감을 불러일으킨다. 그러나 사교적인 사람의 정의를 다시 생각해보자. 뛰어난 사교성이란 코미디언처럼 폭소를 유발하거나 뭇사람의 시선을 끄는 것이 아니다. 함께 하는 시간을 근사하게 만드는 것이 뛰어난 사교성이다.

준비성이 뛰어나고 타인의 말에 귀 기울이는 내향인은 이미 뛰어난 사교성을 갖춘 것과 마찬가지이다. 미리 모임을 준비하고 잡담을 대화가 아닌 '순간을 공유하는 행동'으로 생각한다면 당신은 함께 하는 자리를 최고로 만드는 사교적인 사람으로 거듭날 수 있다.

4 | 무례한 사람에게
잘 대처하는 기술

네 번째 상호 작용 기술은 무례한 사람에게 대처하는 방법이다. 세상에는 내향인의 내면세계를 불쑥불쑥 침범하고 상처 주는 사람들이 많다. 내향적인 사람들이 아무리 자신의 속마음을 표현하고 센스 있게 거절하며 잡담에 대한 준비를 잘해도 이들은 개의치 않는다. 그저 '툭' 내향적인 사람들의 영역에 들어와 마음에 생채기를 낸다. 그렇다고 이들을 자꾸 피하다 보면 내향인이 설 자리가 점점 줄어든다.

그런데 이게 문제의 전부가 아니다. 무엇보다 억울하고 기분이 나쁘다. 단지 조용하다는 이유만으로, 아니 그 어떤 이유로도

한 사람에 대한 무례함을 정당화할 수는 없다. 이번에는 내향인에게 상처를 주는 무례한 사람에게 대처하는 방법을 알아보자.

왜 무례한 사람을 만나면 말문이 막혀버릴까?

무례한 A : 그러고 보면 B는 참 조용한 거 같아.

내향인 B : 아, 네. 제가 좀 조용한 편이죠.

무례한 A : 학교 다닐 때도 그랬어? 그럼 동아리나 그런 거 하나도 못 해봤겠네?

내향인 B : 아니에요, 저 동아리 활동했었어요.

무례한 A : 아, 그래? 동아리 같은 거 못 할 거 같은 이미지인데, 의외네. 다들 그렇게 말하지?

무례하다는 말은 여러 가지를 포함한다. 위의 사례처럼 어떤 특정을 은연 중에 깎아내리는 발언부터 외모에 대한 평가나 지적도 포함된다. 원치 않은 조언이나 간섭도 당연히 무례함의 범주에 들어간다.

내향인을 비롯한 모든 사람은 사회생활을 하면서 이런 무례함을 많이 겪는다. 정말 무례한 사람들은 대놓고 무례한 말을 하지 않는다. 은근히 듣는 사람만 기분 나쁘게 돌려 말한다. 그리고 듣는 사람이 기분 나쁘다는 티를 내면 다 같이 웃자고 한 말인데 '왜 그렇게 민감하게 반응하냐'며 상황을 왜곡한다. 그러다 보니 배려심이 강한 내향인 입장에서는 자신이 전체 분위기를 망치는 것은 아닌지, 혹은 정말 자신이 대범하지 못하고 속이 좁은 사람인지 고민하게 된다.

대부분의 내향인은 문제의 원인을 자기 자신에게서 찾는 경향이 있다. 그러나 무례한 언행은 어떤 형태로도 합리화될 수 없다. 즉, 무례한 언행을 한 사람이 100% 잘못한 것이다. 혹자는 무례한 언행을 겪어 스트레스받는 내향인에게 "그러니까, 이참에 네가 고쳐봐." 하고 말하기도 한다. 그러나 정신적 폭력의 희생자에게서 폭력의 원인을 찾는 것은 2차 가해와 마찬가지이다. 내향성 폄하, 외모 지적, 원치 않는 간섭과 조언, '나'를 제물로 삼는 유머 등은 반드시 지적하고 넘어가야 하는 정신적 폭력이다.

무례함이라는 정신적 폭력에 제대로 대응하기 힘든 원인은 무엇일까? 크게 두 가지 이유가 있다.

첫 번째, 대부분의 무례함은 농담, 위트, 조언의 탈을 쓰고 다가오기 때문이다. 그렇기 때문에 이에 대해 기분이 상했다는 점을 표현하면 농담과 위트, 조언을 제대로 수용하지 못하는 속 좁은 사람이 되어 버린다. 이에 대한 해결책은 농담, 위트, 조언으로 가장한 무례함의 민낯을 드러내는 것에서 시작한다.

두 번째, 내향인은 감정 변화를 제때 표현하지 못하기 때문이다. 내향인은 감정 표현 자체를 어려워할뿐더러 자기 자신이 느끼는 감정의 정당성을 끊임없이 의심한다. 한마디로 내가 지금 느끼는 불만이 정당한 것인지를 고민하다 보면 불만을 표출하기에 너무 늦어버린다. 따라서 그때그때 자신이 느끼는 감정에 확신을 가지고 표출해야 한다.

농담, 위트, 조언 속의 무례한 의도를 까발려라

무례한 언행은 내향인의 마음을 날카롭게 헤집어 놓는다. 2장에서 언급한 대로 장기적 기억력이 뛰어난 내향인은 이렇게 생긴 마음의 상처를 쉽게 잊지 못한다. 이런 상처는 문득문득 떠올라 갑자기 기분을 상하게 하는 주범이 된다.

마음에 해가 되는 무례한 언행에 그냥 당하고 있어서는 안 된다. 무례한 언행에 내향인이 즉각 대응하기 힘든 이유는 앞서 얘기했듯이 대부분의 무례함이 농담, 위트, 조언의 탈을 썼기 때문이다. 초등학교, 중학교 시절 경험하는 무례함은 적나라한 욕설과 평가여서 옳고 그름을 따지기 쉽지만, 성인이 된 이후 마주하는 무례함은 겉으로 보고 듣기에는 전혀 문제가 없다. 오히려 웃음을 유발하려는 의도이거나 진심으로 걱정하는 데에서 나오는 것처럼 보이기까지 한다. 이런 상황에서 농담, 위트, 조언의 가면을 효과적으로 벗기는 방법은 그 의도를 당사자가 실토하게 만드는 것이다. 앞서 언급한 사례에 적용해 보면 아래와 같다.

> 무례한 A : 그러고 보면 B는 참 조용한 거 같아.
>
> 내향인 B : 아, 네. 제가 좀 조용한 편이죠.
>
> 무례한 A : 학교 다닐 때도 그랬어? 그럼 동아리나 그런 거 하나도 못 해봤겠네?
>
> 내향인 B : 아니에요, 저 동아리 활동했었어요.
>
> 무례한 A : 아, 그래? 동아리 같은 거 못 할 거 같은 이미지인데, 의외네. 다들 그렇게 말하지?
>
> 내향인 B : 동아리 못할 것 같은 이미지는 어떤 이미지예요?

무례한 발언을 한 당사자에게 그 발언에 깔린 진짜 의미가 무엇인지 되물어 보는 것이다. 그 사람이 농담, 위트 또는 조언으로 포장한 무례함의 실체를 직접 실토하도록 만들어라. 자신의 무례함을 스스로 직면하게 만들고 난 뒤에는 별다른 말이 필요 없다. 그저 당신의 의도는 이미 다 알고 있다는 듯이 웃어주면 된다.

자신의 감정 변화를 즉시 표현하라

누군가 자신에게 무례한 말을 뱉었을 때 제대로 대응하기 어려운 또 다른 이유는 무례한 말을 들었을 때 내가 느끼는 감정이 정당한지 고민하기 때문이다. 특히나 타인을 배려하고 주변 환경의 변화에 예민한 내향인은 자신이 느끼는 불쾌함이나 당혹감이 정당한 것인지 고민하고, 나아가 자신의 감정을 지금 바로 전달해서 분위기를 깨면 안 된다고 생각할 때가 많다.

그러나 무례한 말을 들었을 경우에는 자신의 감정 변화를 그 즉시 표현해야 한다. 나중에 따로 조용히 전달하겠다고 생각할 수도 있으나 시간이 지난 후에 지나간 일을 다시 꺼내는 것은 자신을 소심한 사람처럼 보이게 만든다. 우선 자신의 감정을 신뢰해야 한다. 자신에 대한 신뢰도를 높이는 가장 좋은 길은 7장에서 다룰 마음을 단단하게 만드는 힘을 기르는 것이다. 마음이 단단해진다는 것은 곧 자신이 느끼는 감정을 더욱더 신뢰하는 것이기 때문이다.

이 방법에 대해 몇몇 내향인은 감정 변화를 즉시 표현해야 하는 것을 알고 있고, 또 그렇게 하고도 싶지만, 도저히 입이 떨어지지 않는다고 말할 수도 있다. 이럴 때 사용할 수 있는 가장 강력한 화법은 자신의 감정 변화를 표현하면서 상대방의 무례함을 지적하는 것이다. 즉 상대방의 입장에서 자신의 감정 변화를 표현하는 방법이다. 예를 들어 상대방의 언행으로 상처를 받았을 경우 "저 상처받았어요."라고 말하는 대신 "저한테 상처 주시네요."라고 말하는 것이다. 문장의 주체를 내가 아닌 상대방으로 치환하여 말하면 상대가 행하고 말한 바의 결과를 드러내 보이게 된다. 자신의 행동이 타인에게 부정적인 감정 또는 상처를 야기했다는 사실을 낱낱이 드러내 보이면 상대방은 당황하게 된다. 그다음은 굳이 별다른 말이 필요 없다. 그저 쿨 하게 넘어가면 이미 그 사람은 타인에게 상처를 준 사람이 되어 버린다.

무례한 사람에게 잘 대처하는 방법은 내향인과 외향인을 가릴 것 없이 꼭 익혀야 하는 전략이다. 이 기술이 내향인에게 특히 더 필요한 이유는 무례함이 남기는 부정적 감정과 상처가 외향인의 마음보다 내향인의 마음에 더 오래 남기 때문이다. 누군가 당신에게 무례한 농담, 위트, 조언을 한다면 그냥 당하고 있어서는 안 된다. 자신의 감정 변화를 그 즉시 표현하라. 그리고 상대의 무례한 속내가 직접 밝혀지도록 질문하라. 당신에게 상처를 준 사람이 의도했든 의도하지 않았든지 간에 당신에게 무례를 범했다는 사실을 정면으로 마주하도록 만들어라.

그 사람이 당황하는 모습에 별다른 반응을 보일 필요는 없다. 이미 그 사람은 타인에게 상처를 주는 무례한 사람이라는 사실이 들통났으니까. 당신의 마음을 가장 확실하게 지켜주는 사람은 다른 누군가가 아니라 바로 당신이란 사실을 잊지 말아야 한다.

5 | 위로 잘하는 기술

　내향인이 외부 세계와 더 능숙하게 소통하기 위해 필요한 다섯 번째 기술은 '위로 잘하기'이다. 내향적인 사람들은 기본적으로 위로를 잘하는 편이다. 그리고 다른 사람이 고민 상담을 청해오거나 힘든 일을 털어놓을 때면 열린 마음으로 듣고 공감해주려고 한다. 그래서 주변 친구들로부터 상담을 잘해준다는 평을 듣는다.

　친구 A : 있잖아, 나 요새 힘든 일이 있어. 회사에서 …….
　내향인 B : 응, 힘들겠다.

친구 A : 그래서 내가 …….

내향인 B : 괜찮아. 잘할 수 있어. 항상 잘해 왔잖아.

친구 A : 근데 이번에는 또 …….

내향인에게는 위와 같이 끊임없이 고민을 털어놓는 친구가 한두 명쯤은 꼭 있을 것이다. 내향인은 이렇게 쏟아져 오는 고민에 대해 최선을 다해 경청하고 공감하려고 노력한다. 어떤 사람은 솔루션을 제시하려 하기도 하고, 어떤 사람은 들어주는 것이 최선이라고 생각해 귀 기울여 듣는다. 근본적으로 상대방을 배려하는 내향인은 나름의 방식으로 위로하려고 노력한다.

하지만 때로 무슨 말을 해야 할지 모르겠을 경우가 있다. "나또한 그랬었어." 하며 열심히 위로하려 하지만 내가 하는 위로가 상대방에게 큰 도움이 되지 않는 것 같다는 생각도 심심치 않게 한다. 스스로가 위로를 잘 못 하는 무능한 사람처럼 느껴지는 것이다. 심한 경우, 상대방이 나를 감정과 불만의 쓰레기통처럼 사용하는 것 같다는 느낌을 받을 때도 있다.

위로를 잘하는 방법을 알아야 하는 이유는 다름 아닌 내향인 자신의 마음을 지켜야 하기 때문이다. 섬세하고 배려심이 깊은 내향인은 위로를 하면서도 자신의 위로가 충분하지 않은 것 같아 도리어 미안해하고, 심한 경우 무력감을 느낀다. 따라서 위로를 잘하는 방법을 배우는 것은 주변 사람들을 돕는 일임과 동시에 나의 마음이 다치지 않도록 만드는 길이다.

나에겐 너무나 어려운 위로

위로는 누구에게나 대단히 어려운 영역이지만 내향적인 사람은 유난히 부담감을 심하게 느끼는 경향이 있다. 여기에는 크게 두 가지 이유가 있다. 우선 고민을 털어놓는 당사자가 구체적으로 듣고 싶어 하는 말이 없기 때문이다.

앞서 모임 참석에 능숙해지는 전략을 이야기할 때 내향인이 모임을 어려워하는 이유는 가서 무엇을 해야 할지 모르기 때문이라고 했다. 비슷한 연유로 내향인이 위로를 어려워하는 이유는 어떤 말을 건네는 게 좋은지 잘 모르기 때문이다. 고민의 주체가 딱히 원하는 바가 없으면 고민을 들어주는 사람 입장에서도 어떤 말이 위로가 될지 확신이 서지 않는다.

이에 대한 해결책은 간단하다. 그냥 마음으로 들어주고, 같이 있어 주고, 안아주면 된다. 상대방은 구체적인 '말'을 원하지 않는다. '그냥' 같이 있어 주고 들어주기를 원할 뿐이다.

위로가 어려운 또 다른 이유는 내향인 스스로 위로의 기준을 너무 높게 설정하기 때문이다. 위로의 효과에 대한 기준을 높게 설정하면 위로받는 사람은 충분히 도움을 받았음에도 불구하고 위로하는 사람은 무력감을 느끼게 된다. 당신이 위로하던 중 무력감을 느끼고 당신의 위로가 그다지 효과적이지 않다고 생각한다면 위로는 '강도'보다 '빈도'가 중요하다는 사실에 주목하자.

위로의 3단계 – 정리, 수용, 인정

위로를 필요로 하는 사람이 특별히 듣고 싶어 하는 말이 없다면 도대체 무슨 말을 해야 할까? 위로가 필요하다는 것은 어떤 특별한 솔루션을 원한다는 의미가 아니다. 그렇기 때문에 위로는 마음을 열고 공감하는 것에서 시작한다.

혹자는 도대체 그 '공감'을 어떻게 해야 하냐고 어려움을 토로할지 모른다. 마음을 열고 공감되는 위로를 하기 위해서는 '정리 – 수용 – 인정'의 3단계를 따라야 한다.

나 역시 주변 친구들에게 위로를 잘 못 하는 것 같아 고민이라는 이야기를 한 적이 있었다. 그 당시 한 친구가 해준 이야기가 기억에 남는다.

"아니야, 너랑 이야기하다 보면 나도 못 느끼고 있던 감정, 생각들을 네가 잘 정리해줘서 위로가 돼. 나는 그게 큰 도움이 되는 것 같아."

이처럼 위로의 첫 단계는 바로 상대방의 감정과 생각을 정리해 주는 것이다. 실의에 빠진 사람은 자신이 느끼는 감정이 분노인지, 슬픔인지, 우울함인지 등이 명료하지 않다. 이것을 제삼자의 입장에서 명확하게 정리해 주는 것은 결국 상대방의 입장에 대한 공감과 맞닿는다.

여기에서 반드시 유의해야 할 점이 있다. '정리'는 판단과 평가가 아니라는 것이다. 감정은 대단히 주관적인 결과물이기 때문에 그 감정의 정당성 등을 따지는 것은 금물이다. 특히 상대방의 상황을 자신의 기준에서 마음대로 단정 지어서는 안 된다.

상대방이 느끼고 있는 감정을 '정리'했다면, 그다음은 그 상황과 감정을 '수용'해야 한다. 그런 상황에서 그런 감정을 느끼는 것이 당연하다고 분명하게 알려주는 것이다. 이 단계에서 가장 효과적인 방법의 하나는 '유사한 자신의 과거 경험'을 공유하는 것이다. 위로하는 사람이 공유하는 경험을 들으며 위로받는 사람은 자신이 느끼는 감정이 전혀 이상한 것이 아니라는 점을 다시 한번 깨닫게 된다.

자신의 유사한 과거 경험을 언급하는 것은 독립적으로도 사용할 수 있는 위로 기법이다. 예를 들어, 낯선 사람들로 가득 한 모임 장소에서 누군가 실수를 했다고 가정하자. 가령, 저녁 식사 자리에서 와인잔을 깼다거나, 세미나 장소에서 발표를 끝마치고 내려오다가 넘어질 뻔했다거나 하는 상황이다. 그럴 때 상대방의 마음을 편안하게 만드는 효과적인 마법의 문장은 바로 "저도 그런 적 있어요."이다. 내가 겪은 과거의 유사한 상황을 공유하는 것만으로도 동질감이 형성되고 충분한 위로가 된다.

'정리-수용'에 이은 마지막 단계는 상대방의 가치를 '인정'하는 것이다. 실의에 빠진 사람은 부정적 감정에 사로잡혀 자신을 평가 절하하기 시작한다. 회사에서 한번 실수한 것을 두고 '나는 진짜 무능해. 나는 참 쓸모없는 사람이야!'라고 확대 해석하는 것은 자신의 총체적 가치를 깎아내리는 예이다. 따라서 상대방의 진정한 가치를 다시금 인정하고 상기시켜 주어야 한다. 상대방이 자신이 겪은 사건과 그에 따른 부정적 감정으로 잠시 자신의 가치를 깎아내릴 수는 있지만, 그런데도 상대방은 여전히 가치가 있다는 점을 표현해줘야 한다. '네가 겪은 사건과 그런 감정에도 불구하고, 너는 여전히 괜찮은 사람이야.'라는 메시지는 상대방의 마음을 치유하는 위로가 된다.

위로의 3단계를 예로 표현해보면 다음과 같다.

1) 정리 : 내가 이해하기에 네가 지금 많이 슬퍼하는 것 같아. 겉으로는 팀장님이 지적하는 것에 대해 화가 나는 것으로 보이지만, 네가 열심히 노력해온 부분이 부정당하는 것 같아 슬픈 것 같은데, 맞아? 내가 넘겨짚은 거라면 말해줘.

2) 수용 : 그런 상황이라면 다들 힘들지. 나도 전에 열심히 보고서 써갔는데 빨간 펜으로 빼곡하게 수정해서 돌려줘서 진짜 상처 많이 받았었어. 그런 상황이라면 다들 슬프지. 슬픈 게 당연한 거야.

3) 인정 : 네가 나약해서 그렇게 슬퍼하는 게 아니야. 네가 열심히 했기 때문에 오히려 더 슬프게 느껴지는 거지. 너는 여전히 가치 있는 사람이야. 그건 변하지 않아.

'정리 – 수용 – 인정'으로 구성된 3단계 위로가 보다 효과적이 되기 위해서는 자기 자신을 자각하고, 객관적 사실과 주관적 반응을 분리할 수 있어야 한다. 자신의 감정을 분명하게 느낄 수 있는 사람이 타인의 감정을 보다 섬세하게 들여다볼 수 있기 때문이다. 또한, 객관적 사실과 주관적 반응을 분리하면 상대방의 상황과 감정을 확실하게 나누어 볼 수 있게 된다. 이를 통해 내가 과거에 겪은 유사한 경험을 쉽게 찾을 수 있으며, 상대방이 지금 하는 고민을 보다 본질적으로 받아들이도록 도울 수 있다.

위로는 '강도'보다 '빈도'이다

앞서 언급했듯 위로의 어려움은 내향인의 높은 기준에서 비롯한다. 만약 자신의 위로가 효과적이지 못하다고 생각한다면 위로의 빈도를 늘려보자. 한 번 위로를 한 뒤에도 지속해서 관심을 보이며 'Follow-up' 하는 것이다. 위로의 핵심은 '상대방의 아픔을 잊지 않는 것'이다. 밤을 새 가며 전화로 고민을 들어주는 것도 좋은 방법이지만, 그 이후에도 상대방의 고민을 기억해 주는 것이 중요하다.

한 번의 '강도'보다 여러 번의 '빈도'가 중요하다고 해서 계속 상대방의 아픔을 들추라는 말이 아니다. 다만 상대방이 충분히 회복되고 있는지, 또 다른 문제가 발생하지는 않았는지 지속적으로 관심을 보이고 상대방이 힘들어했다는 점을 계속 기억해주면 된다.

효과적인 위로를 위해서는 통찰력 있는 말 한마디보다 오래도록 함께한 따뜻한 순간이 필요하다. "그냥 네가 걱정되어서 전화했어.", "그냥 목소리 듣고 싶어서 연락했지." 이처럼 좋은 위로는 수없이 많은 '그냥'으로 이루어진다.

위로는 내향적인 사람들에게 있어 외부 세계와 소통하는 과정 중 대단히 큰 부분을 차지한다. 마음이 섬세한 내향인들은 주변 사람이 괴로워하는 것을 방치하지 못하기 때문이다. 그리고 만약 그들에게 도움이 되지 못한다고 느끼면 무력감에 빠지거나 죄책감을 느낀다. 그렇기 때문에 현명한 위로의 방법을 잘 알아야 한다.

위로는 근본적으로 상대방의 마음을 따뜻하게 만들어 주는 과정이다. 상처받은 사람, 고민이 있는 사람이 어떤 구체적인 조언과 솔루션을 원하지 않는다는 것은 이미 잘 알려진 사실이다. 힘든 상황에 부닥친 사람 입장에서 '조언'을 듣게 되면 반드시 그 조언을 따라야 할 것 같은 압박감을 동시에 느끼게 된다. 마음의 에너지가 부족한 상태에서 그런 압박감은 오히려 더 큰 우울감을 불러일으킬 뿐이다. 이런 관점에서 봤을 때 많은 내향인들은 이미 좋은 위로를 하고 있을 것이다.

혹시 당신이 위로를 잘하지 못하는 것 같다고 생각한다면 여기에 언급한 방법을 적극적으로 적용해 보길 권한다. 그러나 당신은 이미 충분히 잘하고 있을 확률이 높으니 자신이 하는 위로의 효과를 과소평가하지 않았으면 좋겠다.

⊕ 내향인이 대인관계에서
주의해야 할 점

　지금까지 살펴본 대인관계 상호작용 전략을 마무리 짓기 전에 반대로 주의해야 할 점도 살펴보고자 한다. 다음의 세 가지는 연인과 친구를 비롯한 대인관계에서 내향인이 자주 범하는 실수이다.

1. 문제의 원인을 스스로에게서 찾는다

　배려심이 강한 내향인은 연인이나 친구와 다툴 때 문제의 원인을 스스로에게서 찾는 경우가 많다. 그러나 이런 접근은 결국 문제를 '사람 vs 사람'의 프레임으로 바라보게 만들어 갈등의 씨앗으로 변하는 경우가 많다. 예를 들어 내향적인 사람이 "나는 원래 혼자 생각해. 방해받고 싶지 않은 거 몰라?" 하고 얘기하거나 외향적인 사람이 "사귀는 사이면 일단 무조건 공유해야 하는 거 아니야?" 하고 각자의 입장만을 주장한다고 가정해보자. 이 경우 서로의 의견이 다른 이유는 선천적인 기질 때문이기에 입장 차이를 조율하기란 불가능에 가깝다.

또다른 예로 연인 사이인 내향인과 외향인이 서로 자주 만나지 못하는 것에 대해 말다툼을 하는 상황을 생각해보자. 이 상황을 '사람 vs 사람'의 관점으로 접근하면 위에서 언급한 것처럼 '나는 요즘 너무 바쁘다', '네가 시간을 더 부지런하게 활용해야 한다' 하며 옳고 그름을 따지게 된다. 그러나 이것을 '사람 vs 문제'의 관점으로 바꿔보자. 두 사람은 연인인 만큼 서로 더 자주 보고 싶어 하는 마음은 일치할 것이다. 즉, 두 사람 모두 극복하고 싶어 하는 문제는 '더 자주 보고 싶은데 그러지 못하는 상황'으로 동일하다. 이렇게 관점을 바꿔보면 한 사람이 잘했고 한 사람이 잘 못했다는 관점에서 벗어나 서로 힘을 모아 문제를 해결해 나가는 공동체의 입장이 된다. 결과적으로 불필요한 자책감을 느끼지 않고, 서로 협력하여 해결책을 찾을 수 있다.

2. 자꾸 공통점을 찾으려 한다

많은 사람이 친구 관계에서 공통점을 발견하고, 그것을 공유하는 데 큰 의미를 느낀다. 이는 외향인도 마찬가지이다. 그런데 친구 관계에서 가장 위험한 것 중 하나가 과도한 '공통점 찾기'이다. 《어쩌다 우리 사이가 이렇게 됐을까》의 저자 일자 샌드는 자신의 욕구와 상대의 욕구가 혼재되어 분별이 힘든 관계를 '융합적 관계'로 정의한다. 이러한 관계는 상대방과 공통점이 있는 영역에서는 별문제가 없지만 지금까지의 관계를 계속 유지하고 싶은 마음에 서로 다른 점에서도 어떻게든 상대방에게 맞추려고 하면 문제가 드러난다. 소수의 사람과 관계를 유지하는 것을 선호하는 내향인의 특성상 친구 한 명에게 더 많은 에너지를 쏟으며 공통점을 찾고, 공통 관심사를 공유하는 것은 더할 나위 없는 기쁨이다. 그러나 이런 행동이 서로의 독립성을 방해하고 관계의 지속성을 저하하는 원인이 될 수 있음을 명심해야 한다.

3. 감정 표현에 인색하다

내향적인 사람들은 근본적으로 에너지가 자신의 내면으로 흐르기 때문에 자기도 모르게 자기 속마음에만 집중하고 있는 경우가 많다. 이 모습을 옆에서 보면 혼자만의 생각에 진지하게 빠져 있는 것처럼 보인다. 그래서 무슨 생각을 하느냐고 물어보면 내향적인 사람 입장에서는 지극히 개인적인 생각과 감정이기에 굳이 대답할 필요를 못 느끼는 경우가 대부분이다. 이로 인해 결과적으로 주변 사람들에게 무례하거나 무뚝뚝하다는 오해를 사게 된다.

그러나 내향인은 감정 표현을 어색해할 뿐이다. 달콤한 애정 표현 역시 소위 '오글'거린다고 생각하여 표현에 인색한 것이다. 속마음을 굳이 꼭 그렇게 다 밝혀야 하냐고, 관계가 깊어지면 감정 표현을 하지 않아도 알아서 눈치채게 되는 것 아니냐고 반문하기도 한다. 그러나 옆에서 지켜보는 연인의 입장에서는 그런 내향인의 성향이 답답함과 오해의 씨앗이 될 수 있다.

내향인은 달콤한 감정을 표현하는 것뿐만 아니라 불편한 감정을 표현하는 것에도 인색하다. 게다가 한번 관계가 형성되면 최선을 다해 상대방을 배려하고자 하기에 자신이 느끼는 불편함 등을 참는 경우가 많다. 그러나 대인 관계에 있어서는 달콤함이든 불편함이든 솔직하게 감정을 전달하는 것이 건강한 관계 형성의 토대라는 사실을 잊지 말아야 한다.

부모와 자녀의 관계는 앞서 살펴본 연인 또는 친구 사이와는 사뭇 다르다. 관계의 헤게모니를 부모가 쥐고 있기 때문이다. 부모-자녀 관계는 부모가 원하는 대로 관계의 형태를 만들 수 있다는 점에서 대단히 일방적인 관계이다. 그렇기 때문에 의식적으로 신경 쓰지 않으면 실수하기 쉬운 관계이기도 하다. 다음의 세 가지는 부모가 아이에게 자주 하는 실수이다.

4. 아이에게 "한 번 해봐."라는 말을 쉽게 한다

내향적인 아이를 대할 때 가장 쉽게 저지르는 실수는 아무리 내향적인 부모라 하더라도 아이를 상대로 했을 때는 더 외향적으로 변하는 것이다. 부모는 내향적인 아이에게 세상을 알려주고 싶은 마음에 아이를 새로운 것으로 이끌려는 경향이 있다.

내향적인 아이에게 외향적으로 다가가는 것은 이 책의 첫 장에서 논의했던 '외향성의 압력'의 축소판이나 다름없다. 내향적인 아이에게 가해지는 외향성의 압력은 "대범해져라.", "그냥 한 번 해봐. 별거 아니야." 등이 대표적이다. 외향성의 압력이 주는 스트레스가 얼마나 극심한지 누구보다 잘 알면서도 내향적인 아이에게 외향성을 강요하는 것이다.

그러니 "그냥 한 번 해봐."라는 말을 하기 전에 스스로 아이에게 외향성의 압력을 넣고 있지는 않은지 돌아볼 필요가 있다.

5. 내향적인 아이를 순종적이고 어른스럽다고 착각한다

많은 사람이 내향적인 자녀를 순종적이며 또래에 비해 어른스럽고 말수가 없는 아이로 오해하곤 한다. 그 이유는 간단하다. 내향적인 아이는 생각을 많이 하고 내면에 집중하기 때문에 표현에 서투르다. 즉, 표현이 서투르기 때문에 잘 표현하지 않을 뿐이다. 그런데 부모는 아이가 말수가 없으니 어른스럽고 순종적이라고 지레짐작한다.

그러나 아이가 내향적일수록 아이의 마음 상태를 더 많이 물어보고 공감해주어야 한다. 부모가 아이의 마음 상태를 물어보고 아이가 대답하는 과정은 아이가 자신의 마음을 표현하는 방법을 자연스럽게 학습할 수 있는 거의 유일한 과정이다. 내향적인 아이를 착하고 어른스러운 아이라고 여겨 아이의 마음을 깊숙이 들여다보지 않는 것은 아이에게 꼭 필요한 속마음 표현 방법을 알려줄 기회를 놓아버리는 것이다.

내향적인 아이는 부모를 실망시키지 않기 위해 그냥 참는 경우가 많다. 그래서 더 착해 보이고 순해 보인다. 만약 아이가 또 래에 비해 착하고 순해 보인다면 어른스럽다고 대견하게 여기 는 것이 아니라 혹시 말하지 않는 부분이 있는 것은 아닌지 유심 히 살펴봐야 한다.

6. 내향적인 아이를 문제가 있다고 바라본다

"우리 애가 너무 내향적인 것 같아 걱정이에요."라고 말하는 부모가 많다. 과연 내향적인 자녀는 걱정의 대상일까?

〈뉴욕 타임스〉, 〈애틀랜틱〉 등에 줄곧 예리하고 신선한 기사 를 써온 과학 전문 기자 데이비드 돕스는 '민들레형 아이와 난 초형 아이'라는 흥미로운 가설을 제기했다. 그가 말하는 '민들레 형 아이'는 생명력이 강해 어느 곳에서나 잘 적응할 수 있는 유 형이다. 반대로 '난초형 아이'는 민들레보다 아름답지만 그 아름 다움을 가꾸기 위해서는 적절한 조건이 필요한 유형이다. 즉, 돕 스가 제시한 민들레형 아이는 외향인으로, 난초형 아이는 내향 인으로 볼 수 있다. 그런데 난초형 아이는 적절하고 알맞은 환경 이 조성되면 민들레형 아이보다 훨씬 근사하게 성장할 수 있다.

내향적인 아이들은 양육에 있어 손이 더 많이 가지만, 그렇다고 해서 걱정의 대상은 아니다. 오히려 성숙한 인간으로 자라날 가능성이 더 크다. 다만 조금 더 신경을 많이 써야 할 뿐이다.

내가 어릴 때 어머니께서는 내가 읽는 책을 꼭 살펴보시며 코멘트를 달아 주셨다. 포스트잇을 붙여 두기도 하고, 책 중간중간에 직접 펜으로 써 두기도 하셨다. 나는 어머니가 달아 두신 코멘트에 대해 생각해보고 책을 다 읽은 뒤 어머니께 내 생각을 이야기했었다. 그러다가 나중에는 내게 먼저 책을 읽으면서 내 생각이나 궁금한 점 등을 쓰라고 권하셨고, 내가 달아 둔 코멘트에 대해 피드백을 주셨다. 이를 통해 내 생각을 조금 더 솔직하게 표현하는 훈련을 할 수 있었다.

핵심은 특정한 매개체를 이용하는 것이다. 나의 어머니께서는 책을 좋아하셨고, 그 영향인지 나도 어려서부터 책을 즐겨 읽었다. 그러다 보니 자연스럽게 책이 소통의 매개체가 되었다. 소통 매개체는 책 이외의 다른 것이 될 수도 있다. 만약 내향적인 아이와 터놓고 이야기하는 것이 어렵다고 느껴진다면 굳이 책이 아니더라도 아이가 자기 생각을 편하게 이야기할 수 있는 소통의 매개체를 찾아보기를 권한다. 그것이 외향적인 태도의 기술을 익히는 초석이 될 것이다.

김영하의 현명한 인간관계 ✦

'언어를 수집하는 소설가'라는 별명을 가진 김영하 작가는 대한민국을 대표하는 작가 중 한 명이다. 그동안 《나는 나를 파괴할 권리가 있다》, 《검은 꽃》, 《오직 두 사람》 등의 소설로 많은 독자의 사랑을 받았고, 2019년에는 《여행의 이유》라는 산문집으로 주목받았다.

일상에서 놓치기 쉬운 것을 잘 포착한다는 평을 듣는 김영하 작가 또한 내향적인 사람으로 알려져 있다. 인간의 내면세계에 집중하는 그는 감정에 휘둘리는 것을 경계하기 위해 일상에서 더 많은 것을 느끼는 글쓰기를 강조한다. 작품 활동 이외에 그만의 내향적인 방식으로 독자들과 더 많이 소통하기 위해 소설가 최초로 팟캐스트 '김영하의 책 읽는 방'을 시작하기도 했다.

김영하 작가 생각에는 친구가 별로 중요하지 않다?

"마흔이 넘어서 알게 된 사실은 친구가 사실 별로 중요하지 않다는 것이다."
위 문장은 그의 책 《말하다》에서 발췌한 내용으로 인터넷에서 널리 회자되며 많은 사람의 공감을 불러일으켰다. 이른바 '친구무용론'의 요지는 다음과 같다.
"어릴 때는 인격이 아직 불안정하고 단단하게 형성되지 않았기 때문에 주변의 가까운 친구들에게 더 막 대하는 경우가 있다. 다시 말해 가까운 친구 사이일수록 서로에게 더 강압적이 될 수 있다. … 20대에 맺었던 친구 관계를 생각해보면, 그 친구들과 영원히 함께할 것으로 생각해 손해 보는 점이 생기더라도 맞춰

주려고 노력했었다.… 그러나 결과적으로 느끼는 것은 쓸데없는 술자리에서 너무 많은 시간을 허비했다는 것이다. 왜냐하면 그 어떤 친구들과도 결국엔 다 헤어지게 되기 때문이다."

또한 유명한 일본의 소설가 요시모토 바나나를 향한 주변의 우려와 걱정에 대해 그녀의 아버지가 "친구라는 건 필요 없는 존재이니 그냥 책을 읽게 내버려 두면 된다. 인간에게는 어둠이 필요하다."라고 한 얘기를 사례로 들며 "내면의 어둠을 채우려고 친구를 만나 웃고 떠들며 시간을 보내면 어둠을 채우는 것이 아니라 결과적으로 갚아야 할 빚이 된다."라고 덧붙였다.

김영하 벤치마킹 Point – 내향인의 인간관계에 대한 마음가짐

김영하 작가의 친구 무용론은 좁고 깊은 인간관계를 추구하는 내향인에게는 확실히 큰 힘이 되고 공감이 되는 발언이다. 다만 한 가지 놓쳐서는 안 될 점이 있다. 김영하 작가는 근본적으로 친구 자체가 불필요하다고 말하는 것이 아니라는 것이다.

"예술가에게는 자기 예술을 이해해주는 좋은 친구가 반드시 필요하다. 그러면 좀 더 견딜 수 있기 때문이다.", "내 주위에는 좋은 친구들이 있다. 나에게 좋은 소설가가 될 것 같다고 용기를 줬다. 친구에게 전화 통화로 단편 소설을 읽어준 적도 있는데 그 친구는 한 시간이 넘도록 들어줬다."

김영하 작가의 말대로 나를 지지해주고 무한한 응원을 보내주는 친구는 반드시 필요하다. 내향성을 이해하고 존중해주는 친구는 누구보다 든든한 아군이기 때문이다. 결론은 친구의 수가 중요한 것은 아니라는 것이다. 수가 적더라도 나에게 용기를 주는 친구가 있다면 내향인에게는 그것으로 충분하다.

Chapter 6

성공하는 내향인이
되는 5가지 기술

- 조직 생활 상호 작용 기술

"말을 많이 한다는 것과 잘한다는 것은 별개이다."

- 소포클레스

1 | 자기 PR의 기술

앞서 다룬 다섯 가지 상호 작용 기술은 비교적 다양한 상황에서 활용 가능한 대인관계 범용 전략이었다. 그러나 6장에서 다룰 전략들은 앞서 언급한 전략들과는 상황 자체가 다르다. 공식적인 분위기에서 혼자서 다수를 상대로 헤쳐 나가야 하는 상황에서 필요한 것들이다.

PR이라는 말이 매우 흔하게 쓰이는 시대이다. 그런데 사실 이 '자기 PR'이라는 말은 콩글리쉬에 가깝다. 영어로 자기 자신을 널리 알리고 세일즈 하는 행위는 'Self-promotion'이라는 단어가 훨씬 자연스럽다. 영어권에서 이 'Self-promotion'이라는 단어는 우리의 상상을 뛰어넘는 역사를 갖고 있다. 2015년 미국의 〈Social Media Week〉에 게재된 기사를 보면, 동굴에 벽화를 그려 소통하던 4만 년 전에도 Self-promotion의 흔적이 남아 있으며, 멀지 않게는 기원전 100년경 율리우스 카이사르가 자신의 승리를 기록하고 알리는 책을 출간했다고 전해진다.

'PR(Public Relation)'의 사전적 정의는 '불특정 다수의 일반 대중을 대상으로 이미지의 제고나 제품의 홍보 등을 주목적으로 전개하는 커뮤니케이션 활동'이다. PR의 개념은 정신분석 심리학자 프로이트의 조카인 에드워드 버네이스에 의해 만들어졌다. 1차 세계대전 중 다양한 '선전(Propaganda)' 전략을 활용하며 두각을 나타낸 그는 1919년 뉴욕에서 세계 최초의 PR 컨설팅 회사를 열었으며, 현재까지도 'PR과 광고의 아버지'라 불린다. 본래는 기업과 제품, 서비스 등을 널리 알리던 PR이 시간이 흐르면서 한 개인을 대중들에게 알리는 것을 포함하게 되었고, 이렇게 자기 자신을 알리는 좁은 의미의 PR을 1997년 경영 관리 실무에 대해 글을 쓰는 작가 톰 피터스가 '퍼스널 브랜딩(Personal Branding)'이라는 개념으로 구체화하였다.

PR을 배우고 연습해야 하는 학습의 대상으로 인식하고 있던 미국과는 다르게 한국에서는 자신을 알리는 것보다 실력을 쌓는 것에 주안점을 두었다. 그러나 IMF 이후 회사가 자신을 평생 책임져 주지 않는다는 인식이 생겨나면서 자기 자신과 자신의 커리어를 하나의 브랜드로 만드는 퍼스널 브랜딩, 즉 '자기 PR'이 유행하기 시작했다.

사실 '자기 PR'이라는 단어는 한국에서 통용되는 말이다. 겸손의 문화가 익숙한 한국 사회에서는 자신을 먼저 선뜻 드러내는 행위 자체가 매우 어색하게 느껴졌을 것이다. 이런 어색함을 극복하고자, 상대적으로 익숙한 'PR'이라는 단어 앞에 '자기'를 덧붙여 '자기 PR'이라는 신조어를 만들지 않았나 추측된다. 이 책에서는 각 용어에 따른 미묘한 구분 없이 광범위한 의미로 자기 PR이라는 단어를 사용하고자 한다.

자기 PR, 꼭 해야만 합니까?

내향인 B는 장표를 만들기 위해 엊그제에 이어 어제도 새벽 1시까지 야근을 했다. 그리고 오늘 졸린 눈을 비비며 출근하자마자 상사가 A대리에게 하는 얘기를 들었다. "A대리, 장표 잘 봤어. 인사이트 있더라고. 고생했어." 순간 울컥하며 그 장표의 60%는 내가 만들었다고 외치고 싶었지만, 결국 넘어가버리고 만다.

내향인 B는 한때 나의 이야기이기도 했다. 그리고 지금 이 순간 이 책을 읽는 독자 중에서도 고개를 끄덕이는 수많은 내향인 B가 있을 것이다. 왜 내 노력은 다른 사람들이 알아주지 않는 걸까? 대부분의 내향인은 먼저 나서서 자신을 알리는 것에 익숙하지 않다. 왠지 잘난 척하는 것 같기도 하고, 자기 입으로 자신이 거둔 성과를 이야기하는 것이 부끄럽기도 하다. 게다가 어릴 때부터 수없이 보고 들어온 겸양의 미덕을 생각해보면 자기 PR이 참 염치없는 일 같다.

내향인들은 그냥 나는 그저 열심히 일 할 테니 세상이 그 성과를 알아차려 주기를 바란다. 그러나 현대 사회에서 자신이 직접 자신을 알리지 않은 채로 타인의 관심을 받기란 불가능에 가깝다. 유시민 작가 역시 '자기 PR을 하지 않는다면 모래알처럼 익명으로 살아가는 사회에서 그 누구도 나를 알아주지 않을 것'이라고 말했다. 자기 PR은 아무리 어려워도 반드시 배워야 하는 외부 세계와의 상호 작용 기술이다.

내향인에게 자기 PR이 더 어려운 이유

자기 PR이 왜 어려울까? 내향인이 자기 PR을 더 어렵게 느끼는 것은 보다 본질적인 것에 집중하는 내향인의 특징 때문이다. 독일의 언어학 박사 실비아 뢰켄은 그녀의 저서 《조용한 사람 큰 영향》에서 내향적인 사람들은 선천적으로 본질에 집중하며, 그에 따라 보다 깊은 차원의 커뮤니케이션에 집중한다고 말한다. 이런 관점에서 봤을 때, 내향인에게 있어 자기 PR은 거추장스러운 겉치레이다.

자기 PR이 어렵게 느껴지는 또 하나의 이유는 한 번도 자기 PR을 제대로 배워본 적이 없기 때문이다. 한국을 비롯한 대부분의 동양 사회에서는 자신에 대해 먼저 말을 꺼내는 것이 익숙하지 않다. 질문을 하는 것조차 쉽지 않다. 자유롭게 의견이 오가는 토론 방식의 수업이 아니라 선생님의 가르침을 귀담아듣는 수업에 익숙해져 있기 때문이다. 이런 학업 환경에서 자란 우리에게는 자신을 나서서 능숙하게 표출하는 방법을 배울 기회가 없었다. 게다가 내향인이 유독 자기 PR을 부담스러워하는 이유는 자기 PR이 본질적인 커뮤니케이션과는 거리가 멀다고 생각하기 때문이다. 한마디로 내향인 입장에서 자기 PR은 과대광고나 마찬가지이다.

그러나 자기 PR의 본질은 정보와 의지의 격차를 줄여가는 과정이다. 낯선 사람을 대상으로 PR 활동을 하는 상황을 분석해보면 다음과 같다.

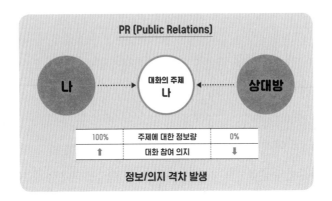

상대방은 나에 대해 아무것도 모르며 나의 말에 귀를 기울일
의지가 현저히 약하다. 반면 나는 스스로에 대해 분명하게 알고
있으며 무엇보다 나를 적극적으로 알리기 위한 의지가 강하다.
이런 관점에서 보면 자기 PR은 단순한 과장 광고 또는 의미 없
는 겉치레가 아니다. 상대방에게 필요한 정보를 주고 상대방으
로 하여금 해당 정보에 귀 기울일 관심과 의지, 노력을 불러일으
키는 일련의 과정이다.

따라서 그동안 자기 PR을 불필요하게 생각했던 내향인이라면
반성이 필요하다. 그동안 내가 타인에게 정보를 제대로 전달하
지 않았거나 타인이 조금 더 쉽게 정보를 받아들이도록 만드는

노력, 다시 말해 타인의 수용 의지를 일깨우는 노력이 부족했던 것은 아닌지 말이다. 자기 PR은 본질적으로 상대방에 대한 배려이기 때문이다.

내향인 맞춤 PR 전략의 3요소

현대 사회에서 가장 자기 PR을 많이 해야 하는 직업은 무엇일까? 여러 직업군이 있지만 회사를 다니다가 독립한 '강사'가 그중 하나일 것이다. 강사들을 만나보면 회사를 다니던 시절에는 별 다른 설명을 하지 않아도 문제없었는데 회사를 벗어나니 하루하루 자신을 알리지 않으면 도태되는 기분이라고 푸념하는 분들이 꽤 있다.

프로 강사들의 세계에 대해 다룬 《강연의 시대》에는 다음과 같은 재미있는 내용이 나온다. 프로 강사 세계에서의 그랜드 슬램은 '석박사 학위 취득', '아침마당 출연', '자신의 이름으로 된 저서 출간'이라는 것이다. 이 그랜드 슬램의 본질을 이해하는 것이 바로 내향인에게 필요한 맞춤 PR 전략 수립의 출발점이다.

개인적으로 생각하는 퍼스널 브랜드의 세 가지 요소는 '콘텐츠, 레퍼런스, 그리고 권위'이다.

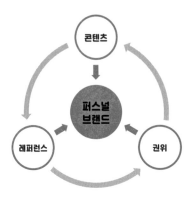

1) 콘텐츠

우선 자신만의 콘텐츠를 갖춰야 한다. 그리고 그 콘텐츠는 유형의 형태로 존재해야 한다. 많은 내향인은 세상을 놀라게 할 만한 콘텐츠를 이미 갖추고 있음에도 그것을 유형화하지 않은 경우가 많다. 글재주가 있다면 브런치, 블로그 등에 꾸준히 기록해 콘텐츠를 유형화해야 한다. 책을 출간하라는 말이 여기에 해당한다. 사진을 잘 찍는다면 자신이 찍은 사진만을 기록하는 별도의 인스타그램 계정을 운영하는 것도 좋은 방법이다. 유형화된 콘텐츠는 사람을 모으는 힘이 있다.

2) 레퍼런스

레퍼런스는 '평판'이다. 아무리 권위 있고 유형화된 콘텐츠가 존재한다고 하더라도, 그것을 바탕으로 다른 사람들과 소통하지 않으면 널리 알려지기 힘들다. 만약 브런치, 블로그, 인스타그램 등을 운영한다면 댓글 기능을 적극적으로 활용하자. 다른 사람들의 포스트를 즐겁게 읽거나 재미있게 감상했다면 꼭 피드백을 남겨 소통해야 한다. 그래야 역으로 나의 콘텐츠가 알려진다.

내향적인 사람들은 온라인에서도 너무나 조용하기 때문에 자신의 흔적을 남기지 않는 경우가 많다. 그러나 적당한 상호 작용이 있어야 '모래알 같이 익명화된 세상'에서 한번 더 눈길을 받게 된다. 이런 관점에서 볼 때, 레퍼런스를 쌓기 위해서는 자신을 지속적으로 노출해야 한다. 댓글처럼 쌍방향 소통의 형태가 여전히 불편하다면 자신만의 뉴스레터를 발행하는 것도 좋은 방법이다. 물론 방송에 출연하거나 강연회에 오르는 것은 레퍼런스를 쌓기에 가장 효과적인 방법이다.

3) 권위

권위는 있으면 있을수록 좋다. 당연한 이야기이겠지만 권위가 있으면 메시지에 무게가 실린다. 신뢰도가 올라간다는 의미이다. 본질에 집중하는 내향인의 특성상 이런 권위를 불필요한 것으로 생각할 수도 있다. 그러나 앞서 살펴보았듯 자기 PR은 상대방의 정보 수용 의지를 불러일으키는 행위이다. 이런 관점에서 봤을 때, 권위를 획득하는 것은 결코 무의미한 행동이 아니다. 학위를 취득하고, 자격증을 따는 것들 모두가 권위를 얻기 위한 일련의 활동이라고 볼 수 있다.

위 세 가지 요소는 지속성이 요구되는 것들이다. 다시 말해, 한번 구축한 뒤 방치해서는 안 되며 주기적으로 업데이트해야 한다는 뜻이다.

기본적으로 자기를 알리는 PR 활동의 출발은 상대방이 관심을 갖고 있는 영역을 찾는 것이다. 아무리 권위가 있고 평판이 좋고 확실하게 유형화된 콘텐츠가 있다고 하더라도 상대방이 관심이 없으면 그만이다. 내가 가진 것들을 정리해보고, 그중 주변 사람이 관심을 가질 만한 것이 무엇인지 추려내자. 그리고 그것들이 지속적인 관심의 대상이 되고 있는지 체크하자. 자기 PR의 업데이트란 지속적으로 다른 사람이 관심을 갖고 있는 영역에 속해 있는지 체크하는 것에서 시작한다.

지금까지 설명한 자기 PR 전략은 온라인에서 활용할 수 있는 전략이다. 실제로 회사에서, 각종 모임 등에서 다른 사람을 만나

나를 좋게 알려야 할 때는 깔끔한 외모와 옷차림 이외에 목소리나 제스처도 관심을 기울여야 하는 부분이다. 이에 대해서는 이미 다른 책들에서 많은 조언을 제시하고 있다. 그러나 가장 중요한 것은 자연스러움이다. 낮은 목소리가 신뢰감을 준다고 해서 너무 억지로 목소리를 내리깔 필요는 없듯 말이다.

성과를 자랑하고 싶을 때는 결과와 의미를 언급하라

2014년 옥스퍼드 신조어 사전에 등재된 단어 중 하나는 겸손한 척하면서 은근히 자랑하는 모습을 비꼬는 'Humble bragging'이었다. 겸손한 척 은근히 돌려 자랑하는 것이 역효과만 불러일으킨다는 것은 이미 누구나 다 아는 사실이다. 그렇다면 성과 자랑을 잘하기 위해서는 어떻게 해야 할까?

개인적으로 내가 다른 사람의 자랑을 들었을 때 전혀 불쾌감을 느끼지 않고 감탄하게 되는 지점은 '결과' 그 자체도 아니고, 그 결과를 이루기 위한 '노력의 과정'도 아닌, '그 결과가 그 사람에게 주는 의미'를 들을 때였다. 가령 이런 것이다. 10km 마라톤을 50분 만에 뛰는 러너가 있다고 생각해보자. 만약 그가 '50

분'이라는 기록을 강조하거나, 그 기록을 달성하기 위해 매일매일 얼마나 힘든 훈련을 했는지 어필하는 것은 별로 효과적이지 못하다. 마라톤을 좋아하는 사람에게는 흥미를 불러일으킬 수는 있지만 동시에 '성과'에 대한 평가를 불러올 수도 있다. '저게 뭐 대단한 거라고!'라고 생각할 수 있다는 의미이다. 그리고 마라톤에 관심 없는 사람에게는 어떻게든 지루한 이야기일 뿐이다.

그러나 그가 만약 왜 마라톤을 하는 것인지에 대해 설명하면 상대의 반응이 달라진다. 나는 어릴 때부터 별로 잘 달리는 편이 아니었고, 군대에서도 잘 뛰는 편이 아니라 선임들로부터 이른바 갈굼을 당했었다. 군 전역 후 나의 한계를 극복하기 위해 꾸준히 노력한 결과, 10km를 50분 안에 완주하게 되었다. 이 기록이 나에게 갖는 의미는 너무나 소중하기에 이 성과를 남들에게 말할 때 언제나 당당하다. 나의 이런 자랑에 주변 친구들 또한 불편해하지 않고 오히려 응원을 보낸다.

성과가 갖는 지극히 개인적인 의미를 전달하면 듣는 사람은 그것을 평가하지 않는다. 왜냐하면 말하는 사람의 주관적인 경험과 성과이므로 그 자랑을 듣는 사람에게 열등감을 불러일으키지 않기 때문이다. 내향적인 사람이 자기 자랑을 쉽게 하는 비결은 바로 이것이다. 자신이 달성한 결과를 언급하고, 그 결과가 자신에게 왜, 그리고 어떻게 의미가 있는지 간략하게 덧붙여라. 이를 실전에서 적용하기 위해 평소에 자신이 달성한 성과와 그것이 자신에게 갖는 의미를 정리하고 기록하는 습관을 가지면 자랑의 기술을 실전에서 활용하는 데 큰 도움이 된다.

칭찬은 기쁘게 받아들여라

칭찬을 듣는 것은 내향인, 외향인을 막론하고 참 쑥스러운 일이다. 특히 매사에 진지한 내향인에게 칭찬은 고마우면서도 어떻게 반응해야 할지 잘 모르겠는 그런 대상이다. 그래서인지 애써 칭찬을 부정하며 자신을 깎아내리는 내향인도 있다. 그러나 어떻게든 자신의 긍정적인 모습을 널리 알려야 하는 자기 PR의 시대에 굳이 칭찬을 부정할 필요가 있을까? 칭찬을 부정한다는 것을 조금 확대 해석해보면 칭찬해 준 사람의 안목을 부정하는 것과 마찬가지이다. 따라서 칭찬은 기쁘게 받아들여야 한다.

칭찬을 겸손하게, 그리고 서로 기분 좋게 받아들이는 마법의 문장을 하나 공유하고자 한다. 칭찬의 대상이 일시적인 성과라면 "운이 좋았어요."라고 말하며 웃으면 된다. "열심히 하긴 했는데, 무엇보다 운이 좋았어요."라고 말하면 더욱 좋다.

만약 칭찬의 대상이 나의 일상적이거나 일반적인 특성 등이라면 "제가 종종 그런 오해를 사요."라고 말하면서 씩 웃어 보자. 이것은 사실 일종의 'Humble bragging'인데, 만약 상대방이 "눈썰미가 되게 좋은 것 같다."와 같은 칭찬을 했다면 그 순간 "그래요? 제가 그런 오해를 종종 사요! 제가 눈썰미가 좋을 때가 있긴 한가 봐요, 정말."이라고 웃으며 말하는 것이다. 이렇게 말하면 상대방의 안목이 다른 사람들과 다르지 않다는 점을 알리는 동시에 상대방 덕분에 나 또한 내 장점을 다시 한번 돌아보게 되었다는 인상을 준다.

면접을 잘 보기 위한 방법은 'Be yourself'가 아니다

면접은 비교적 딱딱하고 공식적인 분위기에서 진행되며 특히 1:1로 진행되는 경우가 많다. 면접을 잘 보는 방법과 관련해서는 시중에 이미 많은 책이 나와 있다. 그런데, 대다수의 책에서는 받은 질문에 대해 어떻게 답변하면 좋을지, 즉 좋은 답변을 구성하는 방법에 대해 중점적으로 설명하고 있다.

좋은 답변을 만드는 것은 당연히 중요하다. 그러나 그전에 놓쳐서는 안 될 핵심이 있다. 우리는 내향인이라는 사실이다.

많은 사람들이 면접에 임할 때 가장 중요한 것은 자연스러운 본모습을 보이는 것이라고 생각한다. 자신의 내면에 집중하는 내향인은 특히 그렇게 생각하는 경향이 있다. 영어로는 이것을 'Be yourself' 전략이라고 한다. 그러나 면접은 자기 자신의 본모습을 보여주는 자리가 아니라 상대방이 찾는 사람이 바로 '나'라는 것을 보여주는 자리이다.

내향인의 내면에는 많은 색깔의 '나'가 존재한다. 그리고 상대방이 원하는 모습은 나의 내면 어딘가에 분명히 존재한다. 그것을 꺼내어 보여줘야 한다.

이 책의 3장에서 외향적으로 변할 필요는 없지만 브라이언 리틀 교수의 '자유 특성 이론'에 따라 필요한 순간에는 외향적으로 행동하는 것이 가능하다고 설명했다. 그러니 내가 지원하고자 하는 포지션이 어떤 사람을 원하는지 분석하고, 그것과 나의 공통분모를 찾아야 한다. 만약 그 공통분모가 외향적인 모습이라면? 자신의 내면에서 외향적인 모습을 꺼내거나 새로운 포지션을 찾아야 한다.

수잔 케인 또한 《콰이어트》에서 면접과 관련하여 '자기감시(self-monitoring)'라는 개념을 언급한다. '자기감시' 특성이 뛰어난 사람은 자신의 행동을 상황과 사회적 요구에 맞춰 변화시키는데 탁월한 능력이 있다고 한다. 한마디로 특정 상황에서 가장 이상적인 행동을 하는 사람을 효과적으로 벤치마킹하여 자신의 행동을 그와 유사하도록 교정한다는 뜻이다. 이 '자기감시'에 대해서 '자신의 이미지를 임의로 조작하려는 시도'라고 보는 견해도 있으며, 윤리적 관점에서의 논란도 있다. 그러나 한편으로는 브라이언 리틀 교수처럼 이 '자기감시'라는 개념을 일종의 겸손한 행위로 보는 견해도 있다. 세상을 나의 욕구와 관심에 맞추는 것이 아니라 나를 세상에 맞추는 노력이라는 관점에서 보면, '자기감시' 또한 겸손한 행동으로 볼 수 있다는 것이다.

이를 면접에 적용해보면 나를 있는 그대로 드러내기보다는 면접관이 찾고 있는 사람에게 나를 맞추면 된다. 로마에 가면 로마법에 따라야 하듯, 내가 지원하고자 하는 포지션에 맞춰 나의 일부를 꺼내 보여주는 것은 결코 나의 본모습을 속이는 것이 아니다.

2 | 발표와 연설을
잘하는 기술

현대 사회를 살아가다 보면 각자 빈도는 다르겠지만 발표와 연설의 순간을 필연적으로 마주하게 된다. 그리고 내가 아는 한, 이것들을 쉽게 생각하는 사람은 결코 존재하지 않는다. 게다가 에너지가 내부로 흐르는 내향인에게 발표와 연설은 특히 더 무서운 존재이다. 발표를 앞두고 긴장감으로 손에 땀이 나고 가슴이 두근거려 이대로 포기하고 도망치고 싶지만, 그렇다고 인생의 중요한 기회가 될지도 모르는 자리를 포기해버릴 수는 없다.

그렇다면 방법은 하나이다. 내향적인 사람들도 자기 기량을 긴장감 없이 발휘할 수 있도록 발표와 연설의 기술을 익혀야 한다.

무대 공포증은 내게만 있는 것이 아니다

　무대 위에 올라 많은 청중 앞에서 발표하는 것을 무서워하는 무대공포증은 내향인의 전유물일까? 외향적인 사람은 정말 무대를 두려워하지 않을까? 성공적인 무대의 핵심은 타고난 기질이 아닌 철저한 준비라는 것은 이미 우리 모두 알고 있는 사실이다. 다만 내향인 입장에서 심적으로 받아들이기 어려울 뿐이다. 도대체 얼마나 철저하게 준비해야 하는 것일까?

　사례를 하나 살펴보자. 넷플릭스를 자주 보는 사람이라면 앨리 웡(Ali Wong)이라는 이름이 낯설지 않을 것이다. 미국의 스탠드업 코미디언이자 배우, 그리고 작가로도 활동하는 그녀는 2016년 넷플릭스에서 방송된 'Baby Cobra'라는 이름의 코미디쇼에서 어마어마한 입담을 뽐내고 인기 코미디언으로 등극했다. 청중을 들었다 놨다 하는 그녀를 보고 있노라면 입담과 무대를 즐기는 능력이 정말 타고나야 하는 재주인 것처럼 느껴진다. 그런데 사실 그녀의 코미디는 철저한 계획에 따른 것이다. 비주얼 에세이의 형태로 다양한 토픽을 다루는 사이트 The Pudding pudding.cool에서 앨리 웡의 스탠드업 코미디 구조를 분석한 결과, 그녀는 웃음의 절정에서 큰 한 방을 날리기 위해 정교하게 기획한 플롯에 따라 세 가지 주제를 단계적으로 치밀하게 밟아간 것으로 밝혀졌다.

또 다른 사례를 살펴보자. 2018년 평창 올림픽을 유치한 주역 중 하나였던 나승연 대변인 또한 여러 인터뷰에서 자신의 본래 성격을 '수줍다'고 묘사하며, 연습의 중요성을 강조했다. 그녀는 프레젠테이션을 잘하는 비결로 '대본을 100번 이상 소리 내어 읽기'와 '자신의 낭독을 녹음해 들어보면서 목소리 강약과 어조를 조절하기'라고 밝혔다.

내향적인 우리들에게 수십수백 명 앞에서 스포트라이트를 받으며 의견을 당당하게 펼치는 것은 너무나 어려운 일이다. 그러나 이것은 외향적인 사람들에게도 마찬가지이다. 발표와 대중 연설이 부담스럽고 어렵게 느껴지는 이유는 준비가 부족했기 때문이며, 더 정확히 말하자면 철저하게 준비한 뒤 발표를 해 본 경험이 많지 않기 때문이다.

수영에 처음 도전하는 사람은 물이 너무 무서울 것이다. 나 또한 처음 수영을 배웠을 때 티를 안 내려고 했으나 속으로 굉장히 긴장했던 기억이 난다. 그때 수영 선생님께서 명언을 남겼으니 그것은 바로 "수영은 물을 먹는 만큼 는다."였다.

발표와 연설 실력 역시 두려움을 먹고 자란다. 더 많이 경험하고 더 많이 망신을 당해보고 더 많이 박수갈채를 받을수록 그만큼 실력이 늘고 긴장감이 줄어든다. 익숙해지기 때문이다. 따라서 발표와 대중 연설을 잘하는 첫 번째 비결은 '최대한 많이 해보는 것'이다.

물과 친해진 다음에는 자유형, 배영, 평영, 접영 등 구체적인 테크닉을 배워야 하듯, 실력을 쌓기 위해서는 준비와 연습이 필요하다. 그렇다면 발표와 대중 연설에는 어떤 준비가 필요할까?

발표의 목적을 명확히 하라

발표와 대중 연설에 대한 구체적인 방법론, 테크닉 등에 대해 다룬 책은 이미 수없이 많다. 나 또한 책과 강의를 통해 많은 도움을 받았다. 대학교 입학 후 처음 인터넷으로 발표 준비 방법을 검색했을 때 봤던 조언은 파워포인트 슬라이드를 디자인적으로 잘 만드는 방법이었다. 회사에 들어간 뒤, 본격적으로 PT에 대해 공부했던 내용은 슬라이드 한 장 한 장을 논리적으로 잘 구성하는 것이었다.

그러나 시간이 흘러 내가 체득한 발표의 기술은 디자인 구성이나 논리적 콘텐츠 작성에 있지 않았다. 그전에 발표의 목적과 이해관계자를 파악하는 것, 그것이야말로 효과적인 발표의 기술이었다.

1) 발표의 목적이 무엇인가? 정보 전달인가, 설득인가, 감동시키는 것인가, 재미와 웃음을 주는 것인가?

2) 발표를 통한 나의 목적은 무엇인가? 나는 이 발표를 통해 어떤 인상을 남기고 싶고, 무엇을 얻고 싶은가?

3) 내가 가장 기대하는 또는 의도하는 청중의 반응은 무엇인가?

4) 주요 청중은 누구이며, 그들은 이 발표를 왜 듣는가? 청중이 이 발표에 기대하는 바는 무엇인가?

5) 청중들의 전반적인 배경 지식은 어느 수준인가?

6) 청중들 중 내가 특별히 관심을 두어야 하는 사람이 있는가? 발표 내용과 관련된 의사결정권자가 있는가?

7) 발표 회장의 분위기는 어떠하며, 내 발표 앞뒤로 어떤 일이 있을 예정인가?

위의 7가지가 본격적인 발표 준비에 앞서 체크해야 할 기본 맥락이다. 많은 사람들이 발표를 할 때 실수하는 점이 바로 파워포인트를 열고 슬라이드를 만드는 것이다. 그전에 기본적으로 해당 발표를 둘러싼 맥락을 이해해야 한다. 이렇게 발표의 맥락을 이해하면 자연스럽게 언급하지 말아야 할 것들이 생각나고, 이 것들을 추려내고 나면 핵심 콘텐츠의 큰 덩어리가 남는다.

그것을 치밀하게 논리적으로 엮어 청중을 몰입하게 만드는 구조를 짜야한다. 앨리 윙처럼 큰 주제를 향해 단계적으로 나아가는 정교한 구조를 만드는 것이다. 그다음에는 흔히 알고 있는 파워포인트 슬라이드 작성 기법을 통해 다듬어 가면 된다.

반복 연습을 통해 내 것으로 만들어라

발표와 연설 자료를 준비했으면 남은 것은 반복 연습이다. 개인적으로 미국 유학 중 효과를 톡톡히 봤던 발표 연습 루틴을 소개하고자 한다. 아래 소개하는 연습 루틴의 핵심은 결국 스크립트를 다시 고치지 않아도 될 때까지 연습하는 것이다. 영어 발표를 위한 루틴이어서 자연스러운 표현 구사와 암기 목적이 강하지만 대학을 졸업한 이후 한국에서 한국어 발표를 할 때에도 대단히 유용하게 사용하고 있다.

1) 파워포인트 슬라이드를 만든 후, 스크립트를 작성한다.

2) 스크립트 완성 후 4~5번 쭉 읽어본다. 소리 내어 읽으면서 문어체를 보다 자연스러운 표현으로 고치고, 말로 전달하기에 어색한 부분을 수정한다.

3) 스크립트를 보지 않고 백지에 쭉 써 내려가 본다.

4) 스크립트와 비교하면서 빠진 부분이 무엇인지 체크한다. 이 과정을 통해 필수적으로 전달해야 하는 내용과 상대적으로 중요성이 떨어지는 부분을 구별할 수 있다. 자신이 반드시 전달하고자 하는 내용은 보통 잘 빠뜨리지 않기 때문이다.

5) 스크립트를 보지 않고 계속 반복해서 소리 내어 읽는다.

6) 이쯤 되면 스크립트에 적은 문장과 달리 자신의 입에서 편하게 나오는 문장들이 생겨난다. 자신의 입에 붙은 문장들로 스크립트를 재구성한다.

7) 재구성한 스크립트를 눈으로 보면서 3~4번 소리 내어 읽어 보고, 다시 보지 않고 외워 본다.

8) 스크립트를 중간중간 체크하면서 연습한다.

9) 스크립트를 보지 않은 채로 실전처럼 일어서서 리허설을 한다.

스크립트를 작성하다 보면 때때로 문어체로 작성하게 되거나 어색한 표현들이 필연적으로 생겨난다. 이 루틴을 통해 자신의 입에서 편하게 나오는 표현으로 스크립트를 재구성하면 한결 부담이 덜어진다. 그 이후 반복 연습을 통해 스크립트를 완벽하게 내재화할 수 있다.

추가적인 팁은 서서 연습하는 것이다. 발표 연습을 할 때 앉아서 하는 경우가 종종 있다. 그러나 준비성이 철저하고 분석적인 우리 내향인에게 앉아서 하는 연습은 충분하지 않다. 최대한 실제 상황과 유사하게 연습해야 한다. 그러니 일어서서 조금씩 왔다 갔다 하면서 연습하라. 그리고 마이크나 프리젠터를 손에 쥐고 발표하는 경우를 대비해 손에 펜을 쥐고 연습해보라. 현장에서의 긴장감을 최소화할 수 있다.

마지막으로, 이런 발표 연습을 실전적으로 할 수 있는 곳을 소개하고자 한다. 미국에서 시작한 토스트마스터즈Toastmasters 클럽은 커뮤니케이션과 대중 연설 훈련을 돕는 비영리 교육기관이다. 토스트마스터즈 클럽은 국내의 여러 지역에서도 많이 진행되고 있으며, 누구나 참여할 수 있다. 인터넷에 검색을 해보면 토스트마스터즈 클럽에서 활동하며 낯선 사람들 앞에서 연설하는 훈련을 지속해 발표에 능숙해진 사례를 쉽게 찾을 수 있다.

3 | 끌리는 태도를
갖추는 기술

대개 우리는 어떤 말을 할 때 거절이든 위로이든 상대방이 내 진심을 알아주길 바라고, 실제로 나의 의도에 따른 영향력이 발생하길 바란다. 그러나 의도를 담은 말이 반드시 의도한 영향을 가져오는 것은 아니다. 내가 의도한 '영향력'을 발휘하기 위해서는 의도와 태도가 조화를 이루어야 한다. 타인과 상호 작용하는 과정 중 내가 상대방에게 끼치는 영향은 다음과 같다.

$$\boxed{\text{실제로 발생하는 영향력}} = \boxed{\substack{\text{의도} \\ \text{[를 담은 말]}}} \times \boxed{\text{태도}}$$

적지 않은 수의 내향인이 때때로 자신은 아무렇지도 않은 상태인데 주변 사람들이 자신에게 언짢은 일이 있냐고 물어보는 일을 경험한다. 그것은 바로 태도 때문이다. 여기에서는 지금까지 살펴본 여러 기술의 효과와 영향력을 극대화하기 위한 태도와 자세에 대해 알아보고자 한다.

나는 기분이 안 좋거나 아프지 않습니다

"자신감이 없어 보여."

"어디 아파?

"무슨 안 좋은 일 있어? 싸웠어?"

"혹시 화난 거 아니지? 기분이 안 좋아 보여서 그래."

대학교를 다닐 때 전형적인 내향인이었던 나는 종종 위와 같은 말을 들었다. 발표를 할 때 자신감이 없어 보인다는 이야기를 듣기도 했고, 단순히 아무 말을 하지 않고 가만히 있는데 어디 아프냐고 걱정해주는 친구도 많았다. 친구들과 단체로 점심 메뉴를 정할 때도 나는 아무 말도 하지 않았는데 마음에 들지 않으면 이야기하라는 말을 재차 듣기도 했다. 그런가 하면 아래의 말을 듣게 되는 경우도 제법 있었다.

"아, 나는 네가 진심인 줄 몰랐어."
"나는 네가 그냥 하는 소리인 줄 알았어."

내 의견을 표현했지만 받아들여지지 않았다가 나중에서야 친구들이 저런 이야기를 하는 것이었다. 나는 아무 말도 안 했는데 왜 사람들이 내 눈치를 볼까? 그리고 정작 내 의견이 반영되었으면 하는 순간에는 왜 반영되지 않았을까? 내가 전달하는 말에서 느껴지는 간절함이 덜해 보였던 걸까?

오랜 고민 뒤에 그 해답을 찾을 수 있었다. 그것은 바로 태도였다. 내가 전달하고자 하는 콘텐츠보다 내가 취하고 있는 태도가 중요했던 것이다.

내향인 뿐만 아니라 대부분의 외향인까지도 위의 함수에서 '의도'에만 집중하는 경향이 있다. 사람은 각자 나름의 의도가 있고,

그 의도를 언어로 100% 구체화해서 표현하면 그대로 전달될 것이라고 믿는다.

그러나 다시 말하지만 중요한 것은 태도이다. 태도는 단순히 신체적인 자세만을 의미하지 않는다. 목소리, 발음, 눈빛, 눈 맞춤, 몸짓과 제스처 등을 총망라하는 개념이다. 당연한 이야기이지만 똑같은 이야기를 해도 목소리가 크면 더 강하게 들린다. 반대로 아무리 마음으로 경청하고 있다고 하더라도 허공을 보고 있거나 낙서를 하고 있으면 상대방 입장에서는 내가 상대방의 말에 귀를 기울이고 있다고 생각하기 힘들다. 의도한 영향력을 실제로 만들어 내는 태도는 자기 PR 전략과 마찬가지로 자연스럽게 만들어지지 않으며, 많은 연습과 노력이 요구된다.

반듯한 자세가 가져오는 긍정적인 변화

의도한 영향력을 발생시키기 위한 첫 번째 태도는 반듯한 자세를 유지하는 것이다. 한국 정신의학계의 대부 이시형 박사는 물리적 자세의 중요성을 강조하며, '자세가 반듯해야 마음 또한 저절로 반듯해진다'고 말한다. 이시형 박사는 그 어떤 순간에도 마음이 흔들리지 않도록 나를 '곧게' 잡아주는 바탕은 다름 아닌

'긍지와 자부심을 지켜야 한다는 바른 정신과 당당하고 패기 있는 자세'라고 강조한다. 반듯한 자세는 우리의 정신을 담는 그릇이다. 척추를 곧게 세우고, 가슴을 활짝 펴는 반듯한 자세를 취하면 정신이 또렷해지고 생생해지는 것을 느낄 수 있다.

실제로 미국 오레곤 주의 린필드 대학교 심리학과 메건 교수는 2019년에 자세가 기분과 인지 능력을 변화시킬 수 있다는 연구 결과를 발표했다. 약 80명의 여대생을 대상으로 진행한 연구에서 '반듯한 자세' 그룹과 '구부정한 자세' 그룹으로 나누어 문제 해결 과정 중에 느끼는 감정 상태 등을 조사한 결과, '반듯한 자세' 그룹이 더 도전적이고 적극적인 모습을 보인다는 것이 밝혀졌다.

반듯한 자세를 만드는 것은 결국 정신을 더 긍정적이고 자신감 있는 상태로 변화시킨다. 자세가 반듯하면 별 다른 말을 하거나 억지스러운 제스처를 취하지 않아도 자신감이 있어 보이고 당당해 보인다. 여기에 더하여 입가에 살짝 가벼운 미소까지 띠면 금상첨화이다. 반듯한 자세와 가벼운 미소만으로도 '자신감이 없어 보인다'거나 '화가 나 보인다'는 이야기를 듣는 일은 거의 100% 사라진다. 뿐만 아니라 반듯한 자세는 상대방과의 대화에 진심으로 참여하고 있다는 점을 표현하는 가장 강력한 신호

이기도 하다.

인간의 뇌는 일단 한번 작업을 시작하면 해당 작업에 집중하고 몰두하게 되는 성질이 있다고 한다. 반듯한 자세와 미소 역시 관성이 있다. 처음에는 어색하더라도 자꾸 바른 자세를 만들려 하고 가볍게 미소 지으려 하다 보면 오래 지나지 않아 자연스러워진다. 이에 더해 평소 생활 속에서 꾸준한 운동과 스트레칭을 병행한다면 자신감 있고 당당한 모습을 보여주는 바른 자세를 습관화할 수 있다.

빠른 것보다 느린 것이 더 좋다

반듯한 자세와 미소를 갖추는 것은 의도한 영향력을 만들기 위한 첫걸음이지만 어찌 보면 다소 간접적인 방식이다. 때로는 조금 더 직접적인 방식이 필요할 때가 있다. 조금 더 직접적인 방식은 신체적 자세를 제외한 말하는 속도, 발음, 눈 맞춤 등 비언어적 수단을 통해 이뤄진다.

가장 효과적인 것은 말하는 속도이다. 대부분의 사람들은 자신의 의견을 강하게 전달하려는 순간 말을 빨리 하는 경향이 있다. 말을 빨리 한다는 것은 그만큼 전달하고자 하는 정보의 양이 많다는 것을 뜻하며, 보다 많은 정보를 전달해 자신의 의견을 강조하려는 방식이다. 그런데 이는 태도의 중요성을 간과한 접근 방식이다.

시끄럽게 갑론을박이 진행되는 토론 현장을 가정해보자. 어떻게든 자기 의견을 개진하려고 흥분한 토론 참가자들은 한마디라도 더 뱉으려고 한다. 그러나 이 순간 누군가 천천히 말을 하게 되면 자연스럽게 그 사람에게 관심이 집중된다. 말을 천천히 하는 것은 다른 사람의 주의를 집중시키는 힘이 있어 말을 빨리 하는 것보다 강력한 메시지 전달이 가능하다.

말을 천천히 하는 것에도 요령이 있다. 문장을 짧게 끊어 이야기하는 것이다. 예를 들어 "내가 ~ 했는데, 그래서 ~ 해서, 내 생각에 이번에는 ~ 를 하는 게 더 좋지 않을까?"라는 형태로 긴 문장을 천천히 이야기하면 듣는 사람은 답답함을 느끼게 된다. 반면, 문장을 의미 단위로 짧게 끊어서 천천히 이야기하면 청자 입장에서도 의미 단위로 나누어 받아들일 수 있어 자연스레 집중력이 올라간다.

천천히 느리게 말하다 보면 발음도 좋아진다. 정확하고 명료한 발음은 설득력을 강화하는 일등 공신이기 때문이다. 또한 문장의 어미를 정확하게 끝맺음할 수 있게 된다. 처음에는 명확한 발음으로 말을 시작하는 사람도 문장의 끝에 가서는 말하는 속도가 빨라지고 대충 얼버무리는 경우가 많다. 의식적으로 말을 천천히 하면 자연스럽게 문장의 끝에서도 처음처럼 명확하게 의미를 전달할 수 있다.

'눈 맞춤(Eye contact)'에서도 빠른 것보다 느린 것이 좋다는 법칙은 동일하게 적용된다. 많은 내향인이 아이 콘택트를 어려워해서 한번 시도하다가 황급히 눈을 돌린다. 그러나 너무 짧은 아이 콘택트는 오히려 불안해 보인다. 딱 한 호흡만큼만 더 눈을 맞춰 보자. 그리고 자연스럽게 입가 또는 볼 등 눈을 제외한 다른 곳으로 시선을 돌리면 된다. 이때 미소를 띠면 더욱 좋다. 눈을 천천히 깜빡이는 것도 자신감을 드러내는 비언어적 수단으로, 자신이 전달하고자 하는 의도에 확신을 불어넣는다.

반듯한 자세를 갖추고 상대적으로 느린 태도를 취하는 것은 의도한 영향력을 실제로 발생시키는 데 큰 도움을 주는 방법이다. 물론 태도를 바꾸려면 꾸준한 노력과 연습이 필요하다. 그 과정이 힘들게 느껴진다면 자신만의 롤 모델을 설정하는 것이 효과적이다. 자신이 닮고 싶은 유명인도 좋고, 영화 캐릭터도 좋다. 영화나 인터뷰를 보며 그들의 태도를 유심히 관찰해보자. 그리고 꼭 닮고 싶은 태도나 자세 하나를 택해 그것을 먼저 자신의 것으로 만들어 보자. 그러다 보면 어느새 자신도 모르게 끌리는 태도에 가까워진다.

4 | 일상에서 회복하는 기술

　지금까지 다룬 기술은 에너지를 적게 사용하면서 최대의 효과를 거두는 전략이었다. 그러나 에너지를 효율적으로 사용하는 것 못지않게 에너지를 효과적으로 충전하는 것도 중요하다. 인간의 에너지는 한정적이기 때문이다.

　외향인은 사회 활동을 하면서 다른 사람과 접촉하는 과정에서 에너지를 채울 수 있어 에너지 활용의 효율이 높다고 할 수 있는 반면, 내향인은 사회 활동 하나하나, 그리고 다른 사람과 접촉하는 순간순간 에너지를 소모한다. 한마디로 에너지 활용의 효율이 좋은 편이 아니다. 그렇기 때문에 시시각각 에너지가 소모되는 내향인 입장에서 에너지를 효과적으로 충전하는 방법은 근본적인 생존 전략과 마찬가지이다.

번 아웃에 시달리는 내향인들

2016~2017년 즈음 우리 사회를 관통했던 키워드는 '지금 행복한 삶'이었다. YOLO로 대표되는 라이프스타일은 현재의 만족감을 극대화하는 데 집중했으며, 이후 '케렌시아(Querencia)'라는 키워드가 등장했다. '케렌시아'라는 단어는 '안식처'라는 의미의 스페인어로, 본래 투우사와의 결전을 준비하는 소가 투우장에 오르기 전에 잠깐 숨을 고르는 장소를 말한다. 외부 세계라는 무대에서 다양한 외부 자극과 싸워 행복을 쟁취해야 하는 내향인에게 있어 '케렌시아'는 필수 불가결하다.

한정된 에너지를 끊임없이 소모하며 활동하는 내향인에게 있어 어느 순간 갑자기 탈진해 버리는 경험은 드물지 않다. 연말 연초 각종 모임에 쉴 새 없이 참석하다 보면 어느 순간 머리가 잘 돌아가지 않고 말문이 막혀버린다. 대부분의 내향인은 이런 상황을 지속해서 겪으면서 나름의 에너지 관리 체계를 만들어 간다. 예를 들어, 나는 주말 중 하루는 반드시 아무런 약속도 잡지 않고 혼자만의 시간을 갖는다. 그리고 주중의 약속은 피치 못할 상황이 아니라면 주 1회로 제한한다.

여기서 말하는 에너지 관리 체계 자체가 일종의 '케렌시아'이다. 성격심리학의 대가 브라이언 리틀 교수는 이렇게 내향인이 자신의 에너지를 회복하기 위해 마련하는 수단을 '회복 환경(Restorative niche)'이라고 정의했다. 회복 환경이란 본연의 모습으로 돌아가 자신에게 충실해질 수 있는 환경을 말한다. 회복 환경을 확보하기는 결코 쉽지 않기 때문에, 리틀 교수는 '자유 특성 계약'을 맺어야 한다고 강조한다. 자유 특성 계약은 하루의 일정한 시간은 자신의 성격과 맞지 않는 행동을 수행하는데 할애하고, 나머지는 본연의 모습 그대로 지내는 것이다. 본연의 모습 그대로 지내는 환경이 바로 회복 환경, '케렌시아'이다. 회복 환경은 내향인, 외향인을 막론하고 인간이라면 누구에게나 대단히 유용한 개념이다.

자신만의 공간을 확보하라

김영하 작가는 과거 모 방송 프로그램에서 '호캉스'가 인기 있는 이유를 설명한 적 있다. 간략히 요약하자면 다음과 같다. 우리가 평소 살아가고 있는 모든 공간은 우리 삶의 흔적과 상처, 그리고 의무가 묻어 있다. 예를 들어 아무리 아늑한 내 집이라고 하더라도 세탁기를 보면 빨래의 의무를 느끼게 된다. 그런데 우리가 호캉스를 가는 호텔은 주기적 복원이 이루어지는 곳이다. 그전 투숙객이 누구였든, 방을 어떻게 어지럽혔든, 새로운 사람을 맞이하기 전에 기존 투숙객이 남긴 흔적이 모두 지워진다. 이것을 다시 말하자면 내가 그곳에 머무르는 동안 아무런 삶의 흔적과 상처를 떠올리지 않을 수 있는 것이다. 게다가 호텔에 투숙하는 동안 방을 애써 깨끗하게 유지하려고 노력할 의무도 존재하지 않는다. 이렇게 임시적인 곳에서 우리는 새로운 에너지를 충전할 수 있다.

2007년 노벨 문학상 수상자이며 영국을 대표했던 작가 도리스 레싱의 단편 소설 《19호실로 가다》는 모든 사람에게는 에너지를 충전할 수 있는 공간이 필요하다는 사실을 여실히 보여준다. 전형적인 중산층으로 남편과 소통이 단절되어 가는 중에 개인의 정체성을 잃지 않기 위해 여주인공이 택한 수단은 어느 작은 호텔의 19호실에 조용히 자신만의 작은 세계를 구축하는 것이었다. 그러나 자신의 은신처 19호실이 발각된 순간 여주인공은 비극적인 선택을 하고 말았다.

헨리 나우웬의 '고독은 정화의 자리'라는 말처럼, 다른 사람의 눈치를 전혀 보지 않고 오롯이 자기 자신에게만 집중하는 것은 내향인의 에너지를 정화하는 과정이다. 확고한 회복 환경을 구축한 사람은 심리적 면역력이 강해지며 긍정적인 상태를 유지할 수 있다. 대한민국 대표 미녀 배우 김태희의 졸업 사진을 보기 위해 서울대학교 전산망을 해킹한 것으로 유명한 천재 해커 이두희는 과거 EBS 다큐멘터리 '두뇌게임 천재들의 전쟁'에 출연하여 아주 흥미로운 이야기를 들려줬다. 그는 어린 시절 집에서 아무리 큰 잘못을 저질러도 집 안에서는 혼나지 않았다고 했다. 대신 그가 큰 잘못을 저질렀을 경우에 그의 어머니는 그를 집 앞 카페로 데려간 뒤 타일렀다고 했다. 집이란 항상 행복이 가득한 공간이어야 하므로 쓴소리는 집 밖에서 해야 한다는 어머니의 교육관 덕분이었다. 덕분에 그에게 있어서 집 전체가 회복 환경으로 기능했던 것이다.

유사한 사례를 하나 더 공유하고자 한다. 과거 유학 중 친하게 지냈던 한국계 미국인이 있었다. 그녀는 어린 시절 미국으로 이민 갔기 때문에 부모님과 대화할 때 영어와 한국어를 섞어서 소통한다고 했다. 그런데 그녀의 아버지와 어머니는 그녀가 있는 자리에서 심각한 이야기를 해야 하는 순간에는 항상 일본어로 대화했다고 한다. 그녀에게 쓸모없는 걱정을 끼치고 싶지 않았기 때문이다.

물론 위에서 언급한 두 사례는 본인이 의도하지 않았음에도 현명한 부모님들께서 알아서 회복 환경을 조성해 주신 경우이다. 대부분은 각자의 케렌시아를 스스로 찾아 나서야 한다. 그렇다면 어떻게 해야 자신만의 안식처를 찾을 수 있을까?

너무 어렵게 생각하지 않아도 좋다. 회복 환경은 거창하지 않아도 된다. 스스로 충분히 에너지를 회복할 수 있는 환경이면 된다. 여기서 환경이라는 말은 공간과 시간 모두를 아우른다. 먼저 나의 에너지가 온전히 충전되는 장소와 시간대를 생각해보자. 누군가는 집 앞 공원을 혼자 달리면서 에너지를 충전할 수도 있고 누군가는 깜깜한 영화관에서 영화를 보면서 에너지를 충전할 수도 있다. 회복 환경의 모습은 이처럼 천차만별이다. 그리고 이런 안식처는 많으면 많을수록 좋다.

회복 환경 방문주기를 만들어라

회복 환경을 구축하는 것 못지않게 중요한 것이 있다. 바로 회복 환경을 주기적으로 방문하는 것이다. 대부분의 내향인은 이미 자신의 회복 환경을 알고 있다. 대충 어떤 상황에서 자신의 에너지가 회복되는지 경험적으로 느끼기 때문이다. 앞서 언급한 자신만의 시공간을 확보하라는 것은 어쩌면 현재 구축한 회복 환경 이외에 또 다른 회복 환경을 찾아 가짓수를 늘리라는 의미에 가깝다.

문제는 '어떤 회복 환경을 갖고 있느냐'가 아니라 '얼마나 자주 회복 환경에 들어가느냐'이다. 어떤 사람들은 말 그대로 에너지가 고갈되어 회복이 필요할 때 안식처를 찾아가면 되지 않겠냐고 할 수도 있다. 그러나 에너지가 고갈된 뒤 회복 환경을 찾는다면 그땐 이미 늦다. 소진된 에너지를 재충전하는 목적도 있긴하지만, 회복 환경의 진정한 기능은 사회적으로 원활하게 상호작용하기 위한 수준의 에너지를 '유지'하는 데 의미가 있다. 에너지 수준의 마지노선을 지키기 위해서는 주기적으로 안식처를 찾을 필요가 있다. 따라서 회복 환경 방문주기를 설정해야 한다.

일주일에 꼭 하루는 오로지 나만의 공간을 방문하는 시간을 마련하거나, 모임과 모임 사이에는 꼭 쉴 수 있는 시간을 확보하는 등 내향인의 경험적 생활 습관들은 모두 회복 환경 방문 스케줄에 해당한다. 중요한 것은 회복 환경으로부터 너무 멀어지지 않는 것이다. 외부 자극에 노출된 것만으로 에너지가 계속 소모되는 내향인은 수시로 자신만의 안식처에서 에너지를 충전해야 하기 때문이다.

핵심은 결국 다다익선이다. 자신의 본연의 모습으로 돌아가 에너지를 회복할 수 있는 안식처를 최대한 많이 확보하고 가급적 자주 방문하자. 자신의 안식처에 머무르는 것은 자기 자신을 사랑하는 길이고, 외부 세계와 더 원활하게 상호 작용하기 위한 준비이다. 그리고 이는 내가 상호 작용할 상대방에 대한 배려이기도 하다.

더욱 빠르게 회복하는 데 필요한 조건

회복 환경의 요소는 다음과 같다. 첫째, 외부 자극이 차단되어 오롯이 자신에게 집중할 수 있어야 한다. 둘째, 크기는 중요하지 않다. 극단적으로 말해 당신이 서 있는 한 뼘 크기의 바닥도 회복 환경이 될 수 있다. 셋째, 접근성이 좋으면 좋을수록 좋다. 넷째, 회복 환경에 머무르는 시간이 반드시 길 필요는 없으며 머무르는 동안은 가급적 흐르는 시간을 의식하지 않을 수 있어야 한다. 마지막으로 회복 환경이 반드시 공간 또는 시간을 의미하지는 않는다. 가령, 전화를 이메일로 대신하는 것처럼 특정한 방식도 회복 환경의 기능을 할 수 있다.

개개인에게 적합한 회복 환경의 모습은 모두 다르다. 각자의 취향과 선호, 그리고 처한 상황 등이 모두 다르기 때문이다. 자신에게 가장 적합한 회복 환경을 만들고 안식처를 찾기에 가장 손쉬운 방법은 벤치마킹이다. 뭐든 혼자 하는 것은 어렵다. 주변의 비슷한 내향인 친구들과 의견을 나누며 그들이 어떻게 에너지를 회복하는지 물어보라. 자신이 좋아하는 유명인의 인터뷰를 읽으며 그들은 에너지가 소진되었을 때 어떻게 하는지 살펴보라. 예를 들어 연예인은 내향인의 비중이 상당히 높은 직업이다. 이들의 사례를 통해 그동안 알지 못했던 기상천외한 안식처를 찾을 수도 있을 것이다. 아래의 사례는 좋은 회복 환경의 예이다.

#요가 매트

내가 오롯이 스스로에게 집중하며 지친 나를 위로하는 공간은 다름 아닌 요가 매트이다. 한 몸을 뉘면 딱 들어맞는 작은 크기이지만 나에게 있어 요가 매트는 그 누구도 침범할 수 없는 신성불가침의 영역, 나만의 작은 세계이다. 나는 요가를 주 3~4회 정도 수련한다. 고정적으로 수련을 하기도 하지만, 마음이 소란스럽고 에너지가 고갈되어 자꾸 기분이 가라앉을 때면 조용히 요가 매트에 오른다. 꼭 어려운 요가 동작에 도전하는 것이 아니다. 그저 요가 매트 위에서 가볍게 몸을 움직이며 굳은 목, 어깨, 허리를 풀고 호흡을 크게 들이마시고 내쉰다. 30분 정도만 수련해도 가볍게 땀이 나기 시작하면서 부정적인 감정이 몸 밖으로 배출된다. 사실 요가 매트가 나만의 독특한 회복 환경은 아니다. 요가를 수련하는 사람이라면 모두 요가 매트를 자신만의 안식처로 생각할 것이다. 스트레스를 받았을 때 요가 매트 위에 올라 나만의 흐름과 나만의 박자로 몸을 움직이다 보면 외향성의 압력이 강요하는 빠르고 숨찬 리듬에서 벗어날 수 있다.

#일기장

일기를 쓴다는 것은 마음을 현재로 가져오는 방법임과 동시에 외부 세계의 자극을 차단하고 자신만의 내밀한 세계를 들여다보는 방법이기도 하다. 조용한 공간에서 일기를 차곡차곡 쓰다 보면 에너지가 회복되는 것을 느낄 수 있다. 일기를 오래 써서 습관적인 일과가 되면 일기를 쓰기 위해 일기장을 열고 펜을 쥐는 것만으로도 외부 세계를 차단하고 나만의 세계에 훅 빠져드는 느낌을 받게 된다. 회복 환경으로서의 일기장은 자신의 은밀한 이야기를 모두 털어낼 수 있는, 마치 임금님 귀는 당나귀 귀를 외칠 수 있는 대나무 숲과 같은 역할을 한다.

일기장의 회복 환경 기능을 강화하기 위한 한 가지 조언이 있다. 요즘은 많은 사람이 스마트폰, 태블릿 PC 등으로 일기장을 갈음하지만 가급적 펜으로 일기를 쓰는 것을 추천한다. 펜으로 일기를 쓰다 보면 그때그때의 감정에 따라 글씨체도 달라지고, 글 쓸 때 누르는 정도도 달라진다. 이런 요소들을 통해 나의 감정과 생각이 더욱 뚜렷하게 표현된다.

#선글라스와 이어폰

"The suit is the modern gentleman's armour." 영화 '킹스맨'을 보면 '슈트는 현대 신사의 갑옷'이라는 대사가 나온다. 나는 이것을 비틀어 선글라스와 이어폰을 '내향인의 갑옷'이라고 말하고 싶다. 내가 아는 어느 내향적인 친구는 항상 선글라스와 이어폰을 지참한다. 음악을 좋아하는 친구이기 때문에 이어폰은 당연히 그럴 수 있다고 생각했으나 선글라스는 조금 의외여서 한번 물어본 적이 있었다. 대답이 매우 인상 깊었는데, 그 친구는 스트레스를 받고 다른 사람과 상호 작용을 줄이고 싶을 때, 다시 말해 자신만의 안식처로 돌아가야 하는데 현실적으로 그러기 힘든 순간이 오면 꼭 선글라스를 착용하고 이어폰을 귀에 꽂는다고 한다. 외부 자극 중 가장 자극적인 시각과 청각을 최대한 차단하는 것이다. 몰입에 관한 탁월한 연구로 이름이 드높은 미하이 칙센트미하이 교수는 이렇게 나의 마음을 안정시켜줄 수 있는 간단한 소지품을 '이동식 심리 공간'이라 칭한다.

#심리상담

심리상담은 대단히 효과적인 회복 환경이다. 나 또한 우연한 기회에 심리상담을 받은 경험이 있었는데, 상담을 받으며 나에 대해 더 잘 알 수 있었던 동시에 그동안 겪었던 스트레스를 훌훌 털어낼 수 있었다. 심리상담을 받는 것에 대한 부정적인 인식이 많이 개선된 것은 고마운 변화이다. 더불어 온라인 또는 스마트폰 애플리케이션으로 상담을 받을 수 있는 서비스도 많이 출시된 만큼 접근성 또한 좋아졌다.

#청소

청소를 한다는 행위 자체가 대단히 훌륭한 회복 환경이다. 구석구석 먼지를 털어내다 보면 기분이 한결 개운해지는 것을 느끼게 된다. 방송인이자 칼럼니스트인 허지웅 작가는 스트레스를 푸는 방법으로 청소를 꼽았다. 그는 청소 도구를 소재로 칼럼을 쓰기도 했는데, 그에게 있어 청소란 단순히 물리적인 공간을 깨끗하게 하는 것을 넘어 정신까지 맑게 정리하는 행위이다.

#피정, #템플 스테이

최근에 많이 쓰이는 '리트릿(Retreat)'이라는 단어는 보통 '피정'이라고 번역하는데, 이는 천주교에서 일상을 벗어나 수도원에서 묵상하며 자신을 살피는 일을 말한다. 불교에도 이와 유사한 '템플 스테이'가 있다. 종교가 없다면 최근 다양한 웰니스 콘셉트 리조트 및 게스트하우스에서 진행하는 리트릿 프로그램이 대안이 될 수 있다. 나 역시 웰니스 콘셉트 게스트하우스의 리트릿 프로그램에 참여해 본 적이 있는데, 일상을 벗어나 자신을 돌아보며 에너지를 충전할 수 있는 시간이었다.

#코인 노래방

회복 환경은 꼭 거창할 필요가 없다. 다소 시끄럽긴 해도 나만의 노래에 집중하는 코인 노래방도 훌륭한 안식처의 기능을 수행할 수 있다. 다른 사람의 눈치나 평가를 받지 않고 내가 부르고 싶은 노래를 맘껏 부를 수 있는 코인 노래방은 흔히 말하는 '가성비 좋은' 회복 환경이다.

Point. 가족이나 친구는 좋은 회복 환경이 아니다

몇몇 사람들은 자신만의 안식처로 가족 또는 친구를 말하는 경우가 있다. 물론 내 이야기를 진심으로 들어주고 따뜻하게 대답해주는 가족과 친구는 분명 좋은 안식처일 수 있다. 그러나 주의할 것은 그들도 사람이기 때문에 항상 일정한 감정 상태를 유지하지 못한다는 점이다. 무엇보다 좁고 깊은 친구 관계를 추구하는 내향인의 특성상 한 명의 친구에게 매우 많은 것을 쏟아 내는 경우가 있다. 이런 상황이 반복되면 상대방은 내가 자신을 감정의 쓰레기통으로 여긴다고 오해할 수 있다. 그리고 이런 사실을 내향인 스스로가 깨닫게 된다면 그만한 비극도 없다. 따라서 자신만의 회복 환경을 찾을 때는 일정한 상태를 유지하는 객체 또는 공간과 시간을 우선순위에 두기를 권한다.

5 | 내향성의 함정에 빠지지 않는 기술

조직 생활을 하면서 거의 모든 내향인이 보편적으로 실수하는 점이 있다. 바로 모든 것을 자신이 책임지려 하는 것이다. 내향인은 책임감이 강하고, 문제가 발생하면 자신에게 원인을 찾는 경우가 빈번하다. 이런 경향성으로 인해 발생하는 문제 혹은 실수가 바로 조직 생활에서 스스로 모든 것을 떠맡고 책임지려 하는 것이다.

담당자가 명확하지 않은 업무가 있을 때 아무도 신경을 쓰지 않으면 내향인은 혼자 몸이 달아 가시방석에 앉아 있는 기분이 든다. 이럴 때 많은 내향인들이 자기도 모르게 뱉는 말 한마디가 "제가 한번 해볼게요."이다. 이렇게 직접적으로 말을 하지는 않더라도, 구렁이 담 넘어가듯 자신에게 은근슬쩍 넘어오는 업무를 확실하게 쳐내지 못해 업무를 책임지게 되는 경우가 많다.

'제가 한번 해볼게요'는 조직 생활에서 '덫'과 같은 말이다. 말을 한 사람을 옭아매기 때문이다. 내향인 입장에서 이 말은 정말 말 그대로 '한번 생각해보거나 고민해보겠다' 정도의 의미였을 수도 있다. 그러나 조직의 다른 사람들은 전혀 그렇게 받아들이지 않는다. 게다가 '제가 한번 해볼게요'라는 말은 때로 책임 소재를 내게 돌리는 화살촉이 되기도 한다.

곱씹어 생각하는 습관은 독이 될 수 있다

내향인은 조직 생활을 하면서 상대방의 말에서 너무 많은 의미를 찾으려고 하고, 심지어는 억지로 의미를 부여하기도 한다. 생각이 유난히 많은 내향인들은 상대의 말을 두 번 세 번 곱씹는 경향이 있기 때문이다. 물론 이것이 장점이 될 때도 있다. 예를 들어 속내를 알 수 없는 상사의 진의를 파악하고 막연하게 내려온 지시를 명확하게 이해하도록 돕는다. 그러나 이것은 과할 경우 자신을 마음의 덫에 빠지게 만드는 건강하지 못한 습관이다.

이에 대해 강경화 장관의 말씀을 빌려오고 싶다. 강경화 장관은 2013년 UN 사무차장보 시절 The Korea Society와의 대담에서 '일할 때는 상대방의 말을 있는 그대로 받아들이라'고 조언했다. 강경화 장관은 사소한 말에서 억지로 진의를 찾으려 하다 보면 괜히 상대방의 마음을 넘겨짚게 된다고 지적하며, 억지로 의미를 부여하기보다는 우선 상대의 말을 있는 그대로 받아들이고 사람들에게 믿는 모습을 보여주는 것이 불필요한 에너지 낭비를 막는 길이라고 강조했다.

브레인스토밍은 효과적이지 않다

한정된 시야를 넓히고 새로운 의견을 접할 수 있다는 점에서 분명 브레인스토밍은 나름의 가치가 있다. 그러나 우리 모두 은연중에 느끼고 있듯이 브레인스토밍과 팀 프로젝트는 통념처럼 효과적이지 않다.

조직심리학자 에이드리언 퍼넘은 실제로 브레인스토밍 그룹 구성원이 많을수록 도출되는 아이디어의 질과 수가 떨어지는 것을 발견했다. 왜 이런 일이 발생할까? 많은 심리학자는 세 가지 이유를 꼽는다. 첫째는 '사회적 태만', 즉 무임승차자의 존재이다. 둘째는 '생산 봉쇄'로 인한 효율성 저하이다. 한 번에 한 사람씩 이야기해야 하기 때문에 아이디어 생산의 효율성이 떨어진다는 것이다. 마지막으로 타인의 시선을 의식하는 데에서 생기는 '평가 불안'이다.

내향인의 입장에서 브레인스토밍이 비효율적인 까닭은 세 가지 이유 중 '사회적 태만'과 가장 관련이 깊다. 사회적 태만은 목표를 달성하지 못할 것 같은 불안감을 누가 더 잘 견디는지의 관점에서 볼 필요가 있다. 천성이 체계적인 내향인은 목표를 달성하지 못할 것 같은 불안함을 참기 힘들어한다. 모두가 손 놓고 있는 상황에 대해 신경을 곤두세우다 보니 결과적으로 "제가 한번 해볼게요."라고 말하며 책임을 지는 경우가 생기는 것이다. 그러니 퍼넘의 조언대로 '창의성이나 효율이 중요할 때에는 혼자 일하는 것이 낫다'.

여준영의 사려 깊은 리더십 ✦

프레인글로벌의 여준영 대표는 독특한 리더십과 조직 경영 방식으로 유명하다. 코오롱 그룹의 기획조정실 출신으로 2000년 홍보대행사를 창업한 그는 창업 5년 만에 프레인을 약 200여 명의 직원이 있는 국내 대표 홍보대행사로 성장시켰다. PR 회사의 대표이자 최근에는 연예 매니지먼트사를 운영하며 종횡무진 활약하는 그의 성공 비결은 무엇일까?

직원들 앞에 나서는 것을 싫어하는 사장님

여준영 대표는 이미 여러 번 TV 프로그램에 출연한 바 있다. EBS에서 제작된 '검색보다 사색입니다', '나는 내성적인 사람입니다' 등을 보면 그만의 조직 경영 방침을 엿볼 수 있다. 여준영 대표는 직원들과의 직접적인 접촉을 피한다. 흔히 생각하는 '사장님의 말씀'을 전달할 일이 있으면 동영상으로 촬영해 배포하고, 직원 교육용 자료 또한 동영상 콘텐츠로 제작한다. 고객과 만날 일이 있을 때도 직원들과 동석하는 자리보다는 자신의 사무실에서 개인적으로 면담을 진행한다. 외향적인 리더가 직원들과 상호 작용하는 방식의 관점에서 보자면 여준영 대표의 교류 방식은 대단히 간접적이며 수동적으로 보인다.

그러나 그만의 특별하고 섬세한 소통 방식이 있다. 대표적인 사례가 화이트데이에 구두 150켤레를 여직원들에게 선물한 일이다. 고객과의 미팅이 잦은 홍보대행사 특성상 프레인의 과반수 이상인 여직원들은 구두를 신고 오래 걸어야 하거나 서 있는 일이 많다. 그는 이런 상황을 보고 '세상에서 가장 편하고 섹시한' 구두를 만들고자 하는 고민을 시작했다. 구두 디자이너와 스타일리스트를 섭외해 1년이 넘는 시간 동안 고민한 결과, 프레인의 여성 직원들만을 위한 구두를 탄생시켰다. 여준영 대표의 이런 독특한 리더십은 단발성 이벤트로 끝나지 않는다. 크리스마스에도 직원들에게 천편일률적인 선물을 하기보다 직원 한 사람 한 사람을 떠올리며 각자의 필요와 취향에 맞춰 정성스럽게 고른 선물을 한다. 워킹맘을 고려해 명품 기저귀 가방을 선물하기도 했다. 그는 섬세하고 사려 깊은 내향인의 강점을 리더십 스타일에 효과적으로 반영한 케이스이다.

여준영 벤치마킹 Point - 내향인의 리더십

흔히 리더라는 단어를 떠올리면 카리스마와 같은 단어를 연상하고, 이런 단어가 주는 첫 번째 이미지는 강렬하고 힘 있게 압도하는 모습이다. 그런데 여준영 대표의 다큐멘터리를 보면 오히려 쑥스러워하는 모습이 더 많이 보인다. 그는 다른 사람을 압도하는 대신 자신만의 방식으로 다가간다. 그는 조직 내 소통의 본질은 대면 접촉이 아니라 리더의 관심과 배려라는 점을 꿰뚫으며, 자신의 통찰력과 방식에 대해 강한 확신을 갖고 있다.

"내향적인 성격, 그리고 내향적인 성격 때문에 생긴 저의 일하는 방식이 우리 회사를 키운 힘이자 제가 회사를 키운 비결 중의 하나가 아닐까 생각합니다."
내향적인 리더들은 스스로 자신이 부족한 리더가 아닌지 끊임없이 돌아본다. 그리고 이러한 고뇌는 성장의 밑거름이다. 그러니 자신감을 가져라. 당신만의 조용한 방식으로 충분히 조직을 성공적으로 이끌 수 있다.

Chapter 7

단단한 내가 되는
5가지 방법

"모든 사람은 탄복할만한 잠재력을 가지고 있다.

자신의 힘과 젊음을 믿어라.

'모든 것이 내가 하기 나름이다'라고

끊임없이 자신에게 말하는 법을 배우라."

– 앙드레 지드

1 | 마음의 위치를 현재로 가져오기

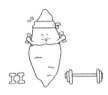

　자기 자신을 있는 그대로 받아들이는 내향인은 자존감과 삶의 만족도에 있어 외향인과 별반 다르지 않다. 지금껏 살펴본 대로 내향인에게는 무수히 많은 특성이 있고, 각각은 모두 대단한 강점으로 계발될 수 있는 잠재력이 있다. 그러한 잠재력을 극대화하려면 외부 자극에 쉽게 흔들리지 않고 현재에 집중하는 단단한 마음을 가져야 한다. 이는 비단 내향인에게만 적용되는 조건이 아니다. 외향인 역시 자신의 잠재력을 극대화하려면 내면의 욕망과 감각을 자각하고 외부의 자극으로부터 영향받지 않는 단단한 마음을 가지는 데 집중하는 것이 좋다.

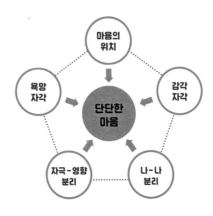

마음을 단단하게 만들기 위해서는 마음의 위치를 항상 현재에 고정해야 하며, 내면에 숨겨져 있는 욕망과 잠들어 있는 감각을 자각해야 한다. 마음이 과거 또는 미래로 흘러가 버리면 불필요한 후회, 불안 등이 생긴다. 자신의 욕망을 스스로 명확하게 깨닫지 못하면 헛된 목표를 좇게 되어 불만족과 실체 없는 짜증만 생겨난다. 그리고 감각이 잠들어 있다면, 무엇이 좋고 싫은지 호불호의 기준이 모호해진다.

그러므로 스트레스를 주는 자극의 실체와 그에 따른 영향을 인지하고 '자극을 받은 나'와 '온전한 나'를 분리해야 한다. 자극과 영향의 상관관계가 불확실하면 과도한 스트레스를 받게 되며, 자극받을 때의 기분과 감정에 휩싸이면 짜증과 분노를 타인에게 쏟아내는 우를 범할 수 있다.

이러한 다섯 가지 요소는 상호보완 관계에 있다. 한 가지 요소를 확실히 갖춘 사람은 상대적으로 나머지 요소를 갖추기가 수월하다. 그중의 가장 첫 번째는 마음의 위치를 현재에 고정하는 것이다.

과거와 미래로 흐르는 마음을 다시 현재로 가져와라

잠들기 전, 이불 킥을 하는 이유는 무엇일까? 나의 마음이 과거의 기억으로 향하기 때문이다. 오늘 수고한 나에게 칭찬의 말을 해주거나 오늘 즐거웠던 일을 생각하며 기분 좋게 잠드는 대신 나의 마음이 과거로 흘러가 더 이상 바꿀 수 없는 일에 대해 민망해하고, 심할 경우 스트레스를 받는 것이다. 이렇듯 우리의 마음이 과거에 머무르면 후회가 생겨난다. 바꿀 수 없는 과거에 대해 '그때 그 말을 하지 말았어야 해.' 또는 '그때 과감하게 그 말 한번 질러볼걸.' 하는 가정들은 결국 후회를 낳고, 후회는 짜증으로 이어진다.

이불 킥을 하지는 않지만 막연한 미래에 대한 불안감으로 골머리를 썩이며 잠들지 못하기도 한다. '다음 주에 있을 발표 어떻게 하지? 자신 없는데.'라든가 '아, 내일모레 동창회 나가기 싫은데. 내일이라도 못 간다고 카톡 할까?'와 같이 막연한 미래에 대해 생각하고 불안해한다. 우리의 마음은 이렇게 때때로 미래를 향해 앞질러 가 있는 경우가 있다. 마음이 미래에 가 있으면 '불안'을 느끼게 된다. 대부분의 불안은 '무지'에서 오는데 미래는 그 실체를 알 수 없기에 불안한 것이다.

지금 이 순간, 현재에 마음의 닻을 내려라

과거는 바꿀 수 없기에 후회가 되고, 미래는 아무것도 모르기 때문에 불안해진다. 이것이 우리의 마음이 현재에 머물러야 하는 단순하지만 명료한 이유이다. 이것을 위한 노력은 간단하다. 그냥 스스로 의식하는 것이다. '아, 내가 지금 과거 일을 자꾸 곱씹고 있구나', '아, 지금 내가 너무 먼 미래를 걱정하고 있구나'처럼 자꾸 의식하고, 내 마음의 위치를 현재로 가져와야 한다. 내 마음이 과거에, 혹은 미래에 가 있다는 사실 자체를 알아차리는 것만으로도 후회와 불안에서 빠져나올 수 있다.

마음의 위치를 현재에 가져오는 가장 강력한 방법은 운동과 명상이다. 우선 운동을 하면 에너지가 소진된다. 우리의 정신은 경이로울 정도로 효율적이어서 에너지가 줄어들면 불필요한 곳에 에너지를 쓰지 않는다. 요가나 달리기를 하고 나면 잡생각이 사라지는 이유는 신체적, 정신적 에너지가 운동을 통해 소비되고 소량의 에너지만 남아 있어 잡생각에 쓸 에너지가 없기 때문이다.

명상은 전통적인 마음 수련법이다. 대부분의 명상은 호흡에 집중하는 것으로 시작하며, 무언가 하나에 집중하거나 호흡을 관찰하며 나 자신을 알아차리게 돕는다. 어떤 사람은 명상이 행동이 분주한 활발한 외향인에게 필요한 게 아니냐고 묻는다. 그러나 어찌 보면 명상은 내향인에게 더 필요하다. 왜냐하면 내향인은 행동 대신 마음이 분주하기 때문이다. 자신이 무슨 생각을 하는지 의식적으로 알아차리고, 분산된 주의를 자기 자신에게 가져오는 데 숙련되면 마음의 닻을 지금 이 순간에 내릴 수 있게 된다.

처음 명상을 하면 다리가 아프고 저려서 오랜 시간 하기 힘들다. 명상을 하고 싶은데 다리가 저리고 자세가 너무 불편해서 어려움을 겪는다면, 우선 스트레칭이나 요가를 하길 권한다. 한두 달 꾸준히 스트레칭과 요가를 하다 보면, 어느 순간 자신의 몸 상태가 나아진 것을 느낀다. 짧아져 있던 햄스트링이 늘어나고, 뭉친 근육이 풀렸다는 것을 느끼는 순간이 오는 것이다. 그렇게 긍정적인 변화를 경험하고 난 뒤 명상을 시작하면, 훨씬 집중이 잘 된다.

오늘의 나에게 집중하는 일기 쓰기

일기 쓰기는 마음의 위치를 의식적으로 지금 이 순간에 고정하는 데 매우 효과적인 방법이다. 일기는 그날 하루를 마무리 지으며 하루를 돌이켜 보는 것에서 시작한다. 즉, 일기를 쓴다는 행위 자체가 며칠 전 실수했던 일 또는 다음 주에 있을 시험 등으로 흘러가 있는 마음을 '오늘 하루'로 불러온다. 그리고 오늘 하루 중에서도 자신에게 가장 의미 있는 일에 더욱 집중하게 만든다. 지금 이 순간에 집중해 한 글자 한 글자 눌러쓴 일기는 그대로 우리의 뇌에 각인된다. 이렇게 지금 이 순간을 머릿속에 새겨 넣는 행위를 통해 하루 동안 과거로, 미래로 흩어져 있던 마음을 현재로 불러올 수 있다. 다시 말해 하루의 가장 중요한 것에 집중하고, 마음을 과거와 미래로 밀어내는 것들을 무시해버리는 작업을 하는 것이다.

1) 오늘 하루 중 가장 스트레스받은 일
2) 오늘 나의 행동 중 가장 개선하고 싶은 행동
3) 오늘 하루 중 가장 감사한 일
4) 오늘 나의 행동 중 가장 칭찬해주고 싶은 행동
5) 내일의 목표

위 다섯 가지 항목은 '오늘의 나에게 집중하는 일기'의 항목이다. 이것은 자율신경 분야 권위자인 고바야시 히로유키가 제안한 '세 줄 일기'를 토대로 한 것이다. 히로유키는 20년이 넘도록 스트레스에 대해 연구한 결과, 세 줄짜리 일기로 스트레스를 해소하는 방법을 만들었다. 본래의 세 줄 일기 항목은 1) 오늘 가장 안 좋았던 일, 2) 오늘 가장 좋았던 일, 3) 내일의 목표인데, 내향적인 사람들은 자신의 가치를 깎아내리는 경우가 있기 때문에 매일매일 자신에게 칭찬하는 두 항목을 추가하여 자존감을 지키는 데 도움이 되도록 보완하였다.

이 일기의 핵심은 우선 그날 하루 중 가장 안 좋은 일을 떠올리는 과정에서 나머지 안 좋은 일을 모두 잊어버리는 것이다. 그 다음, 부정적인 일을 먼저 떠올린 후 긍정적인 일을 떠올림으로써 부정적인 일 모두를 머릿속에서 지워버리는 것이다. 고바야시 히로유키는 이러한 과정을 통해 자율 신경을 리셋하고 삶의 긍정적인 변화를 끌어낼 수 있다고 말한다.

오늘의 나에게 집중하는 일기 쓰기는 잠들기 직전 오늘 있었던 일에만 집중하며 과거 또는 미래로 가 있는 마음을 현재로 불러오는 것이다. 실제로 이 일기를 쓰며 긍정적인 효과를 체험했다. 요즘도 마음이 혼란스러울 때면 일기를 쓴다. 그러다 보면 지나간 일이나 막연한 앞날에 대한 고민이 차분히 가라앉고, 어느새 현재에 집중할 수 있는 긍정적인 힘이 생긴다.

당장 바꿀 수 있는 것에 집중하라

《성공하는 사람들의 7가지 습관》에서 말하는 성공하는 사람들의 첫 번째 습관은 '바꿀 수 있는 것에 집중하라'이다. 우리는 살아가면서 하루 동안 무수히 많은 고민을 한다. 그중 어떤 것은 우리에게 바른 답을 가져다주는 과정이지만 어떤 고민은 막연한 불안감을 증폭시키는 결과를 야기하기도 한다. 따라서 고민을 할 때도 효과적으로 집중하면서 해야 한다. 가장 효과적인 방법은 고민의 타임라인을 정하는 것이다.

일단 당장의 고민거리를 모두 써보자. 그리고 그 고민거리를 두 그룹으로 나눠보자. 첫째, 오늘 안에 고민을 끝내고 변화를 만들어 낼 수 있는 것. 둘째, 일주일 안에 고민을 끝내고 변화를 만들어 낼 수 있는 것. 이 두 그룹이 아니라면, 다시 말해 일주일 안에 해결해야 할 만큼 시급하지 않거나 아무리 고민해도 변화가 생기지 않는 것이라면 고민 리스트에서 삭제해도 무방하다.

예를 들어 6개월 뒤에 벌어질 일에 대해 미리 고민하는 것은 효율적이라 하기 어렵다. 더구나 만약 그 고민이 내가 고민한다고 해서 바뀌지 않는 성질의 것이라면 사실상 무의미하다. '혹시 A 기업 채용 공고가 안 올라오면 어떡하지?', '이번에 B 기업이 채용 절차를 또 바꾸면 어떡하지?' 이런 종류의 고민은 전혀 도움이 되지 않는다. 고민해봐야 내가 바꿀 수 없는 것이기 때문이다. 내가 바꿀 수도 없고, 당장 일어나지도 않을 일에 자꾸 신경을 쓰다 보면 고민은 불안으로 변한다. 이렇게 통제할 수 없는 막연한 불안은 계속 악순환될 뿐이니 과감히 삭제하는 것이 좋다. 중요한 것은 오늘 지금 이곳에서 고민하고, 그 고민을 통해 변화를 만들어 낼 수 있는 것에 집중하는 것이다.

2 | 내면의 욕망을
자각하기

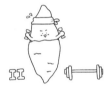

　자각은 자신에게 주어진 현실을 판단하고 인정하여 자신의 상황을 정확하게 인지하는 것을 말한다. 그러나 이것은 너무 광범위한 정의이다. 우리에게 우선적으로 필요한 것은 자신이 진정으로 원하고 추구하는 바를 자각하는 것이다. 자신이 진짜 원하는 바를 명확하게 정의할 수 있으면 주변 환경에서 오는 수많은 유혹에 흔들리지 않게 된다.

　자신의 욕망을 깨닫게 되면 모든 것이 명확해진다. 외부에서 그 어떤 자극이 몰려오더라도 나의 욕망을 실현하는 것과 무관하다면 자극을 받을 이유가 없어진다. 욕망을 깨닫는 것은 내가 지향하는 바, 그리고 내가 뭔가를 선택하고 행동할 때의 기준을 설정하는 것이다.

문화 콘텐츠로 내면의 욕망 탐색하는 방법

개인적으로 나는 마블 영화 같은 히어로물을 즐겨 본다. 특히, 힘들거나 포기하고 싶은 순간이 오면 히어로 영화를 본다. 히어로 영화를 볼 때면 나도 저렇게 올곧은 선택을 하고 싶다는 욕망을 찾아내게 된다. 물론 한 편의 영화를 보는 것으로 자신의 욕망을 알아차릴 수는 없다. 히어로 영화를 보며 올곧은 선택을 하는 사람으로 성장하고자 하는 욕망을 깨닫더라도 '울프 오브 스트리트' 같은 영화를 보면 돈과 명예에 대한 욕망이 생겨나 나의 욕망이 상충하는 상황이 오기도 한다.

따라서 내가 추천하는 방법은 자신이 좋아하는 영화를 꾸준히 기록하는 것이다. 기록할 때 해당 영화에서 좋았던 포인트를 간략하게 2~3줄 정도로 써두고, 어느 정도 시간이 흐른 뒤에 한번쭉 읽어보라. 20~30개 영화에서 나의 욕망과 유사한 포인트를 정리해 뒀다고 가정하면, 그 안에서 나의 욕망은 열렬한 사랑을 하고 싶은 욕망, 큰 부를 축적하고 싶은 욕망, 올바른 사람으로 성장하고 싶은 욕망 등 3~4가지 정도로 정리될 것이다.

영화를 보며 자신의 욕망을 파악하는 것보다 한 단계 더 효과적이고 수준 높은 방법이 있다. 바로 문학 작품을 읽는 것이다. 뉴욕 신사회연구원의 일원인 엠마누엘 코스타노와 데이비드 커머 키드 교수는 수준 높은 소설은 우리의 삶처럼 인물 간의 관계가 복잡하게 연결되어 있기 때문에 각 인물의 선택과 내면을 이해하고 파악하는 것이 대단히 어렵다고 강조했다. 반대로 말하면 문학작품 속 등장인물의 내면을 관찰하고 그들의 선택을 이해하는 훈련을 통해 자신의 욕망을 자각할 수 있다.

지나간 시간과 살아온 공간을 반추하라

우리가 살아온 시간, 살아온 공간 자체가 우리의 욕망을 반영한다. 《콰이어트》의 저자 수잔 케인은 자신이 어린 시절 무엇을 좋아했는지 돌이켜 보라고 조언한다. 만약 어린 시절 경찰관이 되고 싶어 했다면 왜 경찰관이 되고 싶어 했는지, 경찰관의 어떤 점이 매혹적으로 다가왔는지를 반추해 보는 것이다. 이 방법은 외향성의 압박에 사로잡혀 욕망이 왜곡되기 전의 순수한 시절로 돌아가 보는 것이 핵심이다.

그녀는 어린 시절이 아닌 현재 시점에 집중해서 욕망을 천착하는 방법도 조언한다. '질투'라는 감정에 집중하는 것이다. 연예인이나 공인이 아닌 주변 사람 중 지금 당신이 부러워하는 사람을 떠올려 보라. 지금 이 순간 가장 부러운 친구가 누구인가? 그 친구의 어떤 점이 부러운 것인가? 그것이 바로 당신이 현재 당신의 삶에서 갈망하고 있는 것이다.

우리가 사는 도시와 마을도 우리의 욕망을 반영한다. 성공적인 벤처 투자자이자 수필가인 폴 그레이엄은 〈도시와 야망〉이라는 칼럼에서 각각의 지역은 고유의 메시지를 전달한다고 주장하였다. 예를 들어 미국의 보스턴은 '더 똑똑해져라!'라는 메시지를 보내고 사람들은 이에 따라 맨날 읽으려고 생각만 했던 책을 실제로 읽게 된다는 것이다. 실리콘밸리 같은 경우는 '더 큰 영향력을 가져라!'라는 메시지를 전달한다. 그곳에 있는 사람들의 핵심 가치는 세상에 더 큰 영향력을 끼치는 것이다.

"당신이 정말 집처럼 느껴지는 곳을 찾았을 때 내면의 진정한 야망이 무엇인지 깨달을 수 있다."는 폴 그레이엄의 말마따나 나를 둘러싼 것들 속에서 내면의 욕망을 찾아낼 수 있다.

3 │ 잠들어 있던
감각을 자각하라

웨이트 트레이닝이나 요가, 필라테스 등을 처음 시작할 때는 강사가 아무리 특정 근육에 집중해서 운동하라고 해도 그 말이 무슨 뜻인지 이해하기 어렵다. 그러나 꾸준히 연습하고 노력하다 보면 그 근육의 움직임을 알아차리고 느낄 수 있게 된다. 특정한 근육을 움직이는 신경이 발달하는 것이다.

우리의 감각도 마찬가지이다. 시각, 청각, 후각, 미각, 촉각 등 오감을 모두 예민하게 발달시켜야 한다. 이렇게 감각을 발달시키면 자신의 호불호를 확실하게 알게 된다. 외부에서 오는 특정 자극에 대해 "좋은 것 같아." 또는 "왠지 별로인 것 같아."처럼 막연하게 반응하는 것에서 나아가 그것이 왜 좋은지, 왜 싫은지 감각적으로 느낄 수 있게 된다.

감각을 예민하게 발달시키면 '아는 만큼 보인다'는 말처럼 더욱 많은 것을 느낄 수 있게 된다. 예를 들어, 커피를 매우 즐겨 원두의 향과 맛, 그리고 시각적인 즐거움까지 누릴 만큼 커피 취향이 확고하다고 가정해보자. 이렇게 자신이 좋아하는 감각적 느낌이 확실하면 타인의 추천과 같은 외부의 자극에 대해 대단히 관대해진다. 타인이 다른 커피를 추천해줄 경우, 한번 시도해보고 내가 그것을 좋아하는지 싫어하는지를 명확하게 말할 수 있게 되는 것이다. 이처럼 세상의 요구에 당당하게 맞서며 자신의 내향성과 취향, 그리고 개성을 지키기 위해서는 '나의 느낌'이라는 근거가 필요하다. 다시 말해 외부의 자극에 흔들리지 않기 위해서는 스스로가 느끼는 감각적 느낌을 확신해야 한다.

추상적인 감각을 글로 풀어내라

우리는 하루 대부분을 시각 또는 청각에 수동적으로 의지한다. 수동적으로 의지한다는 것은 적극적으로, 그리고 의식적으로 보고 듣는 것이 아니라 그저 눈에 들어오는 것, 귀에 들려오는 것을 듣는다는 것이다. 이렇게 수동적이다 보면 자연스레 감각이 둔해질 수밖에 없다.

오감을 활성화하는 방법에는 여러 가지가 있다. 가장 효과적인 방법의 하나는 김영하, 김연수 등을 비롯한 많은 소설가가 이야기하는 감각적 글쓰기이다. 글을 쓸 때 시간적 서사에 집중해 '무엇을 하고 난 뒤에 무엇을 했고, 그러고 나서 다시 무엇을 했고' 하는 형태의 글쓰기에서 탈피하라. 대신 감각적으로 느낀 것들에 대해 글을 써보자.

가령 친구와 맛있는 음식을 먹은 경험을 글로 표현해본다고 하자. 레스토랑에 들어간 순간 맡았던 냄새, 포크와 나이프가 접시와 부딪히는 소리, 샐러드와 과일이 알록달록하게 조화를 이룬 모습, 혀끝에 맴도는 달콤하고 쌉싸름한 맛, 청량하게 목을 적시는 음료. 이처럼 맛있는 음식을 먹은 한순간도 굉장히 다양한 감각들로 구성되어 있다. 이렇게 감각을 하나하나 섬세하게 일깨워 글을 쓰다 보면 VR이 따로 없다. 내가 경험했던 순간이 입체적으로 되살아난다. 감각을 적극적으로 활용하는 것이 일상화되고 습관화되면 평소 생활에서 더 많은 것을 느끼게 된다. 다시 말해, 내가 평소에 느끼는 행복과 기쁨 등이 훨씬 더 증폭되는 것이다.

하나의 감각을 극대화하라

《신의 물방울》이라는 와인 만화를 보면 다채로운 향기를 느끼며 와인을 음미하면서 과거를 회상하고 추억 속의 맛을 떠올리는 장면이 자주 나온다. 나는 이것이 과연 실제로 가능한 일일까 의심했었다. 그리고 몇 년 전 들었던 와인 강의에서 이 의문에 대한 답을 얻을 수 있었다. 와인을 공부하기 위해서는 구체적인 향기 하나하나를 학습해야 한다는 것이다.

우리는 딸기 향, 라즈베리 향, 블루베리 향이 어떤 향인지 잘 알고 있다고 생각한다. 그러나 조금 더 정교하게 각각의 향을 학습해야 한다. 와인 강의를 진행하셨던 강사님은 저렴한 과일 잼을 많이 사서 하나씩 향을 맡아보는 것을 추천하셨다. 그리고 다양한 잼 냄새를 서로 비교해보라고 하셨다. 딸기잼과 블루베리잼의 향이 어떻게 다르고, 블루베리 잼의 향과 라즈베리 잼의 향이 정확히 어떻게 다른지 하나씩 확인해보는 것이다. 이렇게 향기에 대해 디테일하게 접근하다 보면 와인을 한 잔 마시는 순간, 다양한 향기가 뿜어져 나오는 것을 느끼고 그것을 섬세하게 구분해낼 수 있다고 하셨다. 이것이 바로 극대화된 감각이 주는 행복이다.

후각을 강화하는 여행법도 있다. 영화배우 정유미는 2016년 잡지사 〈얼루어〉와 인터뷰를 하면서 그녀만의 독특한 여행법을 공개했다. 인터뷰어는 그녀에게 행복한 순간을 떠올리게 하는 특별한 향이 있냐고 질문했다. 그녀의 답을 그대로 옮기자면 다음과 같다.

"해외여행 갈 때마다 여행지에 도착한 첫날 향수를 꼭 하나씩 사요. 그러곤 여행 내내 그곳에서 산 향수만 뿌리죠. 나중에 시간이 지난 후 그곳에서 뿌린 향수 냄새를 맡으면 저절로 여행지에서의 추억이 떠오르거든요."

실제로 나 역시 영국을 여행할 때 현지에서 조 말론의 미모사 향수를 사서 일주일 동안 뿌렸던 경험이 있다. 일상으로 돌아와 가끔 그 향수를 다시 뿌리면 여행지에서 느꼈던 신나는 기분이 다시 드는 걸 경험했다. 이렇게 향수 하나에 내 여행 하나를 기록하는 것은 나의 오감을 생생하게 일깨우는 여행법이다.

직접 ASMR을 녹음하여 청각을 강화하는 훈련을 할 수도 있다. 새가 지저귀는 소리, 비가 오는 소리, 나뭇잎이 바스락거리는 소리 하나하나에 초점을 맞추어 귀를 기울여 보는 것이다. 실제로 '비긴 어게인'에 출연했던 어느 뮤지션은 낯선 곳을 여행할 때면 항상 그곳의 소리를 꼭 녹음한다고 한다.

촉각을 강화하기 위해서 맨발로 달려보는 것은 어떨까? 맨발 달리기는 새로운 촉감을 일깨워 준다. 한번 맨발로 잔디를 밟아 보라. 땅이 차갑고 축축하다는 사실에 놀랄 것이다. 꼿꼿이 또한 시각, 후각, 촉각을 골고루 발달시킬 수 있는 좋은 방법이다.

이처럼 감각을 계발하는 방법은 무궁무진하다. 중요한 것은 의식적으로 그 감각을 느끼려고 노력하는 것이다. 뇌 속에 하나씩 감각을 새기고 라벨링 하라. 맨발로 땅을 밟는 감촉, 나뭇잎이 바스러지는 소리, 코끝을 맴도는 숲속의 향기 등에 하나씩 이름을 붙이고, 그것을 글쓰기로 표현해보라. 나를 둘러싼 세상이 얼마나 섬세하고 아름다운지 경이로움을 느낄 수 있다.

나의 욕망을 명확하게 알고 나의 감각이 주는 느낌을 섬세하게 알게 되면 나의 선택에 확신이 선다. 그리고 이는 실체를 알 수 없는 외부 자극에 흔들리지 않는 단단한 마음을 형성한다.

4 | 자극과 자극에 의한 영향을 분리하라

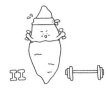

살아가면서 부모님의 기대, 주변 선배나 친구들의 조언, 미디어에서 은근히 강요하는 삶의 모습 등 여러 자극에 부딪히게 된다. 그런데 이런 외부 자극에 의해 매번 스트레스를 받게 되면 단단한 마음을 유지하기가 대단히 어려워진다.

아무리 마음이 단단하다고 하더라도 빗방울이 바위를 뚫듯 계속해서 마음에 생채기가 나다 보면 단단한 마음이 깨지고 만다. 이를 예방하기 위해서는 우선 외부 자극이 내향인의 마음에 상처를 최대한 적게 입히도록 자극을 노련하게 다루는 방법을 배워야 한다.

Fact와 Non-Fact를 구별하라

스트레스를 주는 자극의 실체를 파악하기 위해서는 Fact와 Non-Fact를 분리해서 바라봐야 한다. Fact는 말 그대로 '자극으로 다가오는 사실'을 의미한다. 즉, 나에게 자극적으로 다가오는 사건 및 상황 그 자체이다. Non-Fact는 '그 사건 및 상황으로 인해 느끼는 감정 또는 주관적으로 생각하는바'를 의미한다. 이렇게 자극과 자극에 의한 나의 반응을 구별하면 내가 느끼는 스트레스의 원인과 스트레스에 대한 자신의 역치를 파악하고, 자극을 객관적으로 바라볼 수 있게 된다. 이런 데이터를 축적하면 향후에 어떤 사건의 발생에 앞서 스스로 어느 정도 자극받을지 예측할 수 있게 되고 그에 대한 대비가 가능해진다.

Fact	• 실제로 일어나거나 발생한 사건 및 상황 또는 나에게 영향을 준 자극 그 자체
Non-Fact	• 사건, 상황 또는 자극으로부터 발생한 감정
	• 사건, 상황 또는 자극에 대한 내 생각 (+ 사건 등으로 인한 감정에 대한 생각)
	• 나의 감정, 생각 중 다른 사람과 공유하고 싶은 것

우리가 스트레스를 받아 마음이 상하는 일이 생겼을 때 가장 먼저 해야 할 일은 스트레스의 원인이 되는 사건, 상황, 자극 등을 파악하고, 그로 인해 어떤 감정이 드는지, 왜 그런 감정이 드는지 정리하는 것이다. 스트레스의 원인이 되는 사건, 상황, 자극은 객관적인 Fact이다. Fact가 아닌 나머지, 즉 Non-Fact는 자극 또는 사건에 의한 영향, 즉 우리가 느끼는 감정이나 생각 등을 모두 총칭한다. 이들을 분리하면 자신에게 스트레스를 주는 사건의 실체를 구체적으로 파악하고, 그 사건으로 인한 감정을 명확하게 이해할 수 있다.

이렇게 두 가지를 분리하는 것만으로도 일렁이는 감정을 차분하게 만들 수 있다. 실제로 전문 상담가에게 심리 상담을 받아보면 '어떤 사건이 발생했는지', 그리고 '그 사건으로 인해 어떤 기분이 들었는지'를 구분해서 물어본다. 충분한 연습이 되면 일상생활 속에서도 자연스럽게 Fact와 Non-Fact를 구분 지을 수 있다.

분리력을 기르는 가장 쉬운 방법은 글로 표현하는 것이다. 글로 써 내려가는 과정은 막연하고 모호한 사건이나 상황, 자극, 감정, 생각 등을 구체화하는 데 큰 효과가 있다. 나는 다음의 예시처럼 메모를 할 때 좌측에는 내가 겪은 사건과 내가 들은 정보 등

객관적인 내용을 쓰고 우측에는 좌측의 내용으로 인한 나의 감정과 그에 대한 감상과 생각을 쓴다. 때로는 이것을 조금 더 응용하여, 우측의 상단에 감정을 쓰고 우측의 하단에 그런 감정을 느끼게 된 이유 등 생각을 쓰기도 한다.

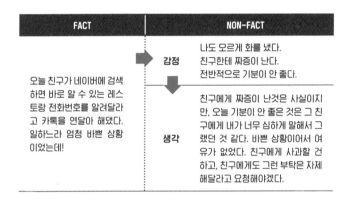

FACT		NON-FACT
오늘 친구가 네이버에 검색하면 바로 알 수 있는 레스토랑 전화번호를 알려달라고 카톡을 연달아 해댔다. 일하느라 엄청 바쁜 상황이었는데!	감정	나도 모르게 화를 냈다. 친구한테 짜증이 난다. 전반적으로 기분이 안 좋다.
	생각	친구에게 짜증이 난것은 사실이지만, 오늘 기분이 안 좋은 것은 그 친구에게 내가 너무 심하게 말해서 그랬던 것 같다. 바쁜 상황이어서 여유가 없었다. 친구에게 사과할 건하고, 친구에게도 그런 부탁은 자제해달라고 요청해야겠다.

이렇게 Fact와 Non-Fact를 분리하게 되면 해당 Fact로부터 영향받는 정도를 대단히 객관적으로 바라볼 수 있게 된다. 특히, 어떤 사건으로 인한 감정과 그런 감정이 드는 이유를 글로 쓰다 보면 감정의 기복을 조절할 수 있게 된다. 별것도 아닌 것으로 내가 영향을 받았다는 생각이 들 때가 많기 때문이다.

이렇게 기록한 메모들을 모아 어느 정도 축적된 결과물을 한

번에 돌아보는 것도 좋은 방법이다. 이를 통해 어떤 사건에 어느 정도 수준의 스트레스를 받는지 알 수 있기 때문이다. 이런 기록이 쌓이면 각자의 '고유한 자극과 스트레스의 인과 관계 방정식'을 만들어낼 수 있다. 한마디로 단단한 마음을 유지하는 데 가장 방해가 되는 요인이 무엇인지 파악할 수 있다는 뜻이다. 이렇게 핵심 방해요인을 찾게 되면 자신만의 대처방안 또한 자연스럽게 만들어낼 수 있다.

Fact와 Non-Fact를 구별하는 분리의 기술은 스트레스 관리 및 감정 컨트롤 이외에도 다양한 장점이 있다. 우선, 내가 알게 된 정보 및 지식과 나만의 독자적인 생각, 의견을 구분할 수 있다. 이는 결국 체계적이고 깊이 있는 사고력을 가지게 한다. 또한, 내 생각과 타인과 공유하고 싶은 바를 분리하는 연습을 하면, 의견의 핵심이 생겨난다.

몇몇 사람들은 토론하거나 회의를 할 때, 말은 많이 하지만 핵심이 없다는 인상을 준다. 이는 자신이 전달하고자 하는 바가 불명확하기 때문이다. 분리력을 기르면 이러한 단점 역시 개선할 수 있다. 우측의 상단에 생각을 쓰고, 우측의 하단에 그 생각 중 다른 사람들과 공유하고 싶은 내용을 간추려 쓰는 방법도 분리력을 기르는 데 도움을 준다.

FACT		NON-FACT
4차 산업혁명 관련 발표 중 - 4차 산업혁명의 첫 걸음은 디지털 트렌스포메이션이다. - 이를 위해사 IoT를 적극 활용 해야 한다.	**나의 생각**	- 우리 회사는 과연 디지털 트렌스포메이션이 가능할까? - 우리 회사의 IoT시스템을 어떻게 활용 해야 하지? - 나는 4차 산업혁명 시대에 어떤 기술을 익혀야 하지?
	공유할 질문	- 우리 회사의 IoT시스템 중 디지털 트랜스포메이션을 위해 가장 먼저 활용할 수 있는 것은 무엇일까?

5 | 자극받은 나와 온전한 나를 분리하라

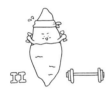

　외향성의 압력이 가득한 세상에서 내향적인 사람들의 마음을 단단히 지켜나가기 위해서는 상처받은 마음을 회복시키는 연습 또한 필요하다. 우리를 짓누르는 수많은 자극과 스트레스 요인에서 받는 영향을 최소화하려면 '자극 또는 스트레스를 받은 나'와 '그것을 바라보는 또 다른 나'를 분리해야 한다. '스트레스를 받는 나'를 3인칭 시점에서 바라보며 내가 느끼는 우울감과 힘듦을 객관적으로 관찰하는 것은 그 자체가 상당한 위로가 된다. 내향적인 사람들은 기본적으로 자신에게 좀 더 엄격한 경향이 있는데 고통받고 있는 자신을 분리해서 타자화하면 자신에게 너그러워질 수 있기 때문이다.

이렇게 자신을 타자화하는 것을 '일리이즘(illeism)'이라고 한다. 이는 율리우스 카이사르가 좋아했다는 기록이 있을 정도로 역사가 깊은 수사학이다. 자신을 타자화하는 것을 유아적인 방법이라 생각할지도 모른다. 그러나 최근의 많은 연구는 3인칭 사고방식이 감정과 생각을 통제하는 능력을 기르고, 합리적인 의사결정을 하는 데 큰 도움이 된다는 사실을 밝혀내고 있다. 외부의 자극에 마음이 흔들릴 때 '외부 자극에 휘둘리는 나'와 '평소의 온전한 나'를 분리할 수 있으면, 스트레스를 받더라도 조금 더 빨리 회복할 수 있고, 결과적으로 단단한 마음을 지켜낼 수 있다.

자극받은 '나'를 타자화하라

앞서 언급한 Fact와 Non-Fact 구별은 나를 둘러싼 외부 세계에 초점을 맞춘 분리이다. 분리의 또 다른 대상은 나의 내면이다. 아무리 외부에서 오는 자극을 해체하고 분리해서 그로 인한 나의 감정 변화, 스트레스 등을 최소화한다고 해도 인간인 이상 어느 정도의 스트레스는 받기 마련이다. 한번 자극을 받아 감정의 변화가 일어난 상태에서는 나의 내면을 분리하는 힘이 필요하다. 이것은 '온전한 상태의 나'와 '자극과 스트레스를 받은 나'를 분리하여 3인칭으로 바라보는 것으로, '자극과 스트레스를 받은 나'를 하나의 객체로 보는 타자화 기법이다.

자기 자신을 3인칭 관점에서 바라보는 타자화가 의사 결정력을 향상할 수 있다는 것은 오래된 이론이다. 최근에 진행된 연구에 따르면 3인칭 사고방식은 의사 결정 능력뿐만 아니라 생각과 감정을 통제하는 데 확실히 도움이 된다.

'타자화'는 일상생활에서도 훈련이 가능하다. 스트레스를 받은 순간, 자신에게 말을 걸어 주는 것이다. "서준아, 네가 지금 회사 업무가 너무 많아서 스트레스를 많이 받았구나.", "민지야, 네가 지금 느끼는 감정은 그 사람을 더 이상 볼 수 없는 데서 오는 슬픔이구나."

이러한 과정은 우리의 감정을 객관적으로 바라볼 수 있게 돕는다. 그리고 자신의 감정을 직면할 수 있게 되면 더 이상 그 감정에 압도당하지 않는다.

'타자화'가 주는 또 하나의 이로운 점은 자신에게 조금 더 관대해질 수 있다는 것이다. 《Communication Toolkit for Introverts》를 집필한 패트리샤 웨버는 '타자화'한 자신과 대화할 때는 악의적인 말을 할 가능성이 작아진다고 말한다. 이것은 다시 말해 '왜 나는 별것도 아닌 일에 이렇게 스트레스를 받을까!' 등과 같은 자책을 덜 하게 된다는 뜻이다.

살아가면서 마주치는 자극을 Fact와 Non-Fact로 분리할 때, 우리는 자극에 의한 영향을 최소화할 수 있다. 그리고 실체를 알 수 없는 감정 등으로 고통받고 있는 '나'를 평소의 온전한 '나'의 입장에서 바라볼 수 있다면 스트레스를 대폭 경감시킬 수 있다. 분리는 외부 자극의 내적 스트레스에 대처하는 방법이며, 수시로 다가오는 외향성의 압력을 이겨내고 단단한 마음을 지키기 위한 튼튼한 방패이다.

봉준호의 섬세한 창의력 ✦

2019년 전 세계 영화계를 뒤흔든 작품은 단연 '기생충'이다. '살인의 추억', '마더', '설국열차', '옥자' 등으로 인정받아온 봉준호 감독은 '기생충'을 통해 대한민국 뿐만 아니라 세계 영화계를 대표하는 거장으로 거듭났다. 한국 영화 역사상 최초로 칸 영화제의 으뜸 황금종려상을 수상한 후 아카데미 4관왕에 오르면서 예술성과 대중성 모두를 인정받은 것이다.

봉준호 감독은 아카데미 수상 이전에도 이미 짧은 인터뷰 하나로 전 세계 영화계를 뒤흔들었다. 2019년 10월 7일, 미국 영화 매체 〈벌쳐(Vulture)〉는 봉준호 감독과 진행한 인터뷰에서 지난 20년간 한국 영화가 전 세계 영화계에 막대한 영향력을 끼쳐왔음에도 불구하고 아카데미 수상 후보로 한 번도 오르지 못한 사실에 대해 어떻게 생각하냐는 질문을 던졌다. 이에 대한 봉준호 감독의 답은 다음과 같았다.

"It's a little strange, but it's not a big deal. The Oscars are not an international film festival. They are very local(조금 이상하긴 하지만 별일 아니다. 오스카는 국제 영화제가 아니다. 매우 지역적인 축제일 뿐이지)."

지금껏 누구도 반기를 들지 못했던 아카데미상의 권위에 가볍게 한 방을 날린 것이다.

봉준호 감독의 성공 비결은?

봉준호 감독의 누나인 패션 디자이너 봉지희는 어린 시절의 동생을 '말수가 적고, 느리고, 조용해서 특별히 끼가 있어 보이지는 않았다'고 묘사했다. 봉준호 감독 스스로도 자신은 너무나 소심해서 사회생활에 자신이 없었던 아이였다고 했다. 여기에서 유추할 수 있듯이 그는 전형적인 내향인이다.

봉준호 감독은 '봉테일'이라는 별명이 있을 정도로 섬세한 연출과 디테일로 유명하다. 그의 디테일을 보여주는 하나의 사례가 영화 속 캐릭터의 이름이다. '기생충', '마더' 등을 번역한 달시 파켓은 봉준호 감독이 영화 속 캐릭터의 이름이 어떻게 번역될지까지 고려하여 이름을 정한다고 밝힌 바 있다. 가령 '마더'의 주인공 이름을 정할 때 고려했던 '현철'은 'Hyun-Chul'로 번역되는데 이는 시각적으로 길어 보인다. 따라서 영어로 번역했을 때 더 짧고 직관적인 '진태(Jin-Tae)'라는 이름으로 결정했다는 것이다.

'캡틴 아메리카'로 유명한 크리스 에번스 또한 '설국열차' 촬영 당시 봉준호 감독의 디테일에 감탄했다고 말했다. 보통 영화의 한 장면을 촬영할 때는 와이드 숏으로 전체 장면을 찍고, 장면 속 인물들을 기준으로 각각 처음부터 끝까지 찍고 편집을 하는 방식이 보편적이다. 그러나 봉준호 감독은 이미 머릿속으로 편집을 마친 뒤, 각 배우의 필요한 장면만 골라 찍는다고 한다. 크리스 에번스는 이것을 일컬어 "집을 지으면서 못을 한 포대 달라는 게 아니라 '못이 53개 필요합니다'라고 하는 것과 마찬가지다."라고 설명했다.

봉준호 감독은 한국영화아카데미 특강에서 다음과 같이 말하기도 했다.

"제가 좀 소유욕이 강해요. 머릿속에 이미지나 사운드가 떠오르면 반드시 그것을 찍어서 손에 넣고 싶다, 화면에 넣고 싶다는 집착이 생기거든요."

이러한 세심함은 그의 성공 비결이자 에너지가 내면으로 흐르는 내향인의 전형적인 특징을 그대로 묘사하는 말이다. 봉준호 감독은 자신이 이렇게 디테일에 강점을 보이게 된 이유를 내향적인 성격으로 인한 특유의 인간관계에서 찾는다. 그에 따르면 내향적인 성격의 소유자들은 외부 세계로부터 거절당하고 거부당하는 것을 두려워하기 때문에 오히려 책이나 영화 같은 텍스트에 더욱 몰입하게 된다고 한다. 그는 그러한 내향성을 장점으로 살려 텍스트에 몰입한 순간을 차곡차곡 쌓고, 그 위에 상상력을 덧붙이고, 자신만의 이야기를 입혀 명작을 탄생시켰다. 많은 내향적인 사람들이 좁고 깊은 인간관계를 추구하는 동시에 갈등을 겪는다. 자신만의 세계가 너무 작아지고 좁아지는 것은 아닌지 두렵기 때문이다. 봉준호 감독은 이런 우려를 자신만의 강점으로 승화시킨 사람이다.

봉준호 벤치마킹 Point – 내향인의 창의성 발휘 기법

봉준호 감독이 자신의 내향성을 세계적인 수준의 창의성을 발휘하는 원동력으로 만든 비결을 살펴보자. 그의 비결을 한 문장으로 요약하면 다음과 같다. '혼자서, 특정한 주제에 대해 깊숙하게 들여다보고, 기록으로 남겨라. 평소에 각각의 기록물을 곱씹어 생각하다가, 필요한 순간에 연결하라.'
내향인들은 '혼자서, 특정한 주제에 대해 깊숙하게 들여다보는 것'까지는 매우 잘한다. 그러나 깊숙이 들여다보는 것에서 멈추는 경우가 많다. 중요한 것은 자신의 관찰과 상상력을 소중하게 생각해야 한다는 것이다. 자신의 관찰력과 상상력을 평가절하해서 부질없고 쓸데없는 생각으로 치부하는 것은 좋지 않다. 반드시 기록으로 남겨라. 그리고 그 기록물을 반복해서 읽고 생각하라. 개인적으로 나는 흥미로운 것을 보면 스마트폰으로 사진을 찍거나 캡처해서 보관한다. 재미있는 상상이 떠오르면 짤막하게라도 메모 애플리케이션에 기록해둔다. 그리고 그것을 지하철이나, 버스, 비행기 등을 타고 이동할 때 반복적으로 읽는다. 그러다 보면 그 기록들이 서로 연결되어 새로운 아이디어가 떠오를 때가 많다. 다음은 봉준호 감독의 관찰과 기록의 사례이다.

"어릴 때 잠실 아파트에 살았죠. 바퀴벌레가 많이 나오기로 유명한 곳이었어요. 다른 사람들은 휴지나 책으로 벌레를 잡는데 저는 그게 싫었어요. 벌레가 터지니까. 그래서 유리병으로 덮어 변기에 털어버렸어요. 그런데 가끔은 저도 모르게 그 유리병 속 벌레를 보고 있는 거죠. '어떻게 이렇게 끔찍한 피조물이 생겼을까!' 그러면서." 〈그라치아〉, 2013.10.13.

"휴지에 100m라고 쓰여 있는데 진짜 맞아? 운동장 100m 트랙에 펼쳐 볼까? 이런 상상도 했어요. 그러다 보면 '내가 봐도 내가 너무 쪼잔하다, 어떻게 이렇게 됐지?' 이런 생각을 하면서도 웃기니까 그런 걸 노트에 적어요. 그러다 시나리오 속으로 들어가게 되고요." 〈무비스트〉, 2008.5.27.

봉준호 감독은 혼자 있는 시간을 관찰과 상상으로 채우고, 기록으로 남긴 것이다. 이렇게 꽃 피운 창의성을 유지해 나가기 위해서는 어떻게 해야 할까? 많은 외신 기자들이 아카데미 시상식 이후 봉준호 감독에게 그 비결을 물었다. 그의 답은 간단했다.

"I try to maintain a very simple lifestyle. Drink coffee, write, and try not to meet a lot of people."

가급적 단순하게 사는 것. 커피를 마시며 글을 쓰고, 사람은 적게 만나는 것. 내향인이라면 누구나 그리는 삶의 모습 아닌가?

내향인에게 추천하는 TED Talks ✦

세계적인 지식 공유 플랫폼 TED에서도 최근 몇 년 사이 내향성과 관련한 주제가 상당히 많이 다뤄졌다. 내향성에 대해 조금 더 입체적으로 이해할 수 있도록 돕는 TED 영상 몇 편과 더불어 다큐멘터리 몇 편을 소개한다.

The Power of Introverts – Susan Cain

내향성을 주제로 한 TED 영상 중 단연 No. 1이라고 해도 과언이 아닌 영상이다. 베스트셀러 《콰이어트》의 저자 수잔 케인은 TED 강연에 올라 차분하게 그녀만의 이야기를 털어놓는다. 내용 자체도 대단히 유익하지만, 그녀의 발표 자체에서도 자세와 태도 등 여러모로 배울 점이 많다. https://youtu.be/c0KYU2j0TM4

Who are you really? The puzzle of personality – Brian Little

이 책에서도 몇 번 인용한 브라이언 리틀 교수의 강연 영상이다. 인간의 '성격'에 대해 통찰력 있고 흥미롭게 알려준다. 내향적인 사람이 아니더라도 심리학에 관심이 있다면 부담 없이 재미있게 볼 수 있는 영상이다. 해당 영상 이외에도 브라이언 리틀 교수의 'Confessions of a passionate introvert'라는 강연도 TED 공식 홈페이지에서 시청할 수 있다. https://youtu.be/qYvXk_bqlBk

The gentle power of highly sensitive people
– Elena Herdieckerhoff

세 번째로 소개할 영상은 '민감성'에 대한 강연이다. '매우 민감한
사람(HSP:Highly Sensitive People)'인 엘레나는 민감한 사람들
의 잠재력 계발을 돕는 비즈니스 코치이기도 하다. 그녀는 15분
동안 '매우 민감한 사람'을 둘러싼 문화적 통념에 대해 반박한다.
https://youtu.be/pi4JOlMSWjo

Get comfortable with being uncomfortable – Luvvie Ajayi

작가이면서 사회운동가로 활동하는 러비 아자이는 군중들 속에서
소신 있게 자신의 의견을 주장하는 미학에 관해 이야기한다. 침묵은
아무런 이득이 되지 않는다고 단언하며, 내면의 목소리를 밖으로 낼
지 그저 입을 다물지 고민하는 순간 자문해야 하는 세 가지 질문을
공유한다. https://youtu.be/QijH4UAqGD8

Your body language may shape who you are – Amy Cuddy

바디 랭귀지에 대한 TED 강연이다. 에이미 커디는 주변 환경의 압박
을 극복하고 자기 자신을 자연스럽게 표현할 수 있는 바디 랭귀지,
즉 '파워 포즈(Power pose)'의 비밀에 관해 설명한다. 대인 관계에서
자꾸 자신감이 부족해 보인다는 이야기를 듣는다면 이 영상이 가장
효과적인 개선 방법을 제시해줄 것이다.
https://youtu.be/Ks-_Mh1QhMc

How to speak so that people want to listen
– Julian Treasure

내향적인 사람은 때때로 자신이 말하는 것에 아무도 귀 기울이지 않
는다고 생각할 수 있다. 만약 그렇다면 이 영상을 꼭 한번 보길 권한
다. 커뮤니케이션 전문가 줄리언 트레져는 상대방에게 말이 잘 전달
되지 않는 이유 7가지를 명확하게 밝히고 '말하기'에서 가장 기본적
인 4가지 요인을 설명한다. 수많은 TED 영상 중 재미있는 강연으로
손꼽힌다. https://youtu.be/elho2SOZahl

How to practice emotional first aid – Guy Winch

우리의 마음과 정신 그리고 감정을 돌보는 정서적 응급 처치에 대한
강연이다. 내향인은 외향성으로 가득한 사회를 살아가면서 겪게 되
는 죄책감, 상실감 또는 외로움 등을 필연적으로 겪게 된다. 가이 윈
치는 이러한 심리적 상처를 효과적으로 치료할 수 있는 방법에 대해
이야기한다. https://youtu.be/F2hc2FLOdhl

Activism needs introverts – Sarah Corbett

Craftivist Collective를 설립한 사라 코벳은 자신을 내향적인 활동가
로 정의한다. 피켓을 들고 구호를 외치는 외향적인 방식에 지친 그녀
는 자신만의 내향적인 방식으로 세상을 바꾸는 방법에 대해 말한다.
조용히 손수건에 수를 놓는 것이 어떻게 세상을 변화시키는지 알 수
있는 강연이다. https://youtu.be/coHWLitlm-U

How to let go of being a "good" person and become a better person – Dolly Chugh

내향적인 사람들은 특유의 섬세함과 내면의 연약함으로 배려심이 강하기도 하지만, 자칫 잘못하면 누구에게나 '좋은 사람'이 되어야 한다는 압박감을 받을 수 있다. 사회심리학자인 돌리 쿠그는 '좋은 사람'의 정의는 각자 다르기 때문에 '좋은 사람'보다는 '더 나은 사람' 되기 위해 노력해야 한다고 말한다. '더 나은 사람'이 되는 방법이 궁금하다면 필히 봐야 할 영상이다. https://youtu.be/s2cixaL9H3U

'EBS 당신의 성격 3부작 – 나는 내성적인 사람입니다'

내향성에 대한 다양한 연구를 쉽게 설명하는 다큐멘터리이다. 내향성과 지능 지수의 상관관계 등 흥미로운 조사 결과도 보여주며, 우리 주변의 내향적인 사람들을 인터뷰한 내용도 다룬다. EBS 웹사이트에서 다시 보기를 통해 시청할 수 있다.

'인사이드 빌 게이츠(Inside Bill's Brain)'

빌 게이츠라고 하는 시대의 거물을 자세히 탐구하는 다큐멘터리이다. 빌 게이츠의 관심사, 그리고 그가 어떤 유년기를 보냈는지, 어떻게 생각하는지 등을 알 수 있다. 세계를 움직이는 내향적인 리더의 비밀을 3부작으로 구성한 이 다큐멘터리는 넷플릭스에서 시청할 수 있다.

| 참고 문헌 |

《Communication Toolkit for Introverts》, Patricia Weber, 2014, Impackt

《The Psychology of Personality: Viewpoint, Research, and Applications》, Bernardo J. Carducci, 2009, Wiley-Blackwell

《강연의 시대》, 오상익, 2017, 책비

《고독이라는 무기(孤獨 ひとりのときに, 人は磨かれる)》, 에노모토 히로아키, 2019, 나무생각

《나는 내성적인 사람입니다(The Introvert's Way: Living a Quiet Life in a Noisy World)》, 소피아 뎀블링, 2013, 책읽는수요일

《나는 내성적인 영업자입니다》, 신동민, 2019, 시그니처

《나는 혼자일 때 더 잘한다(Hiding In The Bathroom)》, 모라 애런스-밀러, 2019, RHK

《낯가림이 무기다(人見知りが武器になる ムリに話さずココロをつかむ36の極意/高嶋美里)》, 다카시마 미사토, 2015, 흐름출판

《내성적인 당신의 강점에 주목하라(Self-Promotion for Introverts: The Quiet Guide to Getting Ahead)》, 낸시 앤코위츠, 2016, 갈매나무

《내성적인 사람이 성공한다(The Introvert Advantage: Making the Most of Your Inner Strengths)》, 마티 올슨 래니, 2007, 서돌

《내성적인 아이》, 조무아, 이안영, 2013, 팜파스

《도파민형 인간(The Molecule of More)》, 대니얼 Z. 리버먼, 마이클 E. 롱, 2019, 쌤앤파커스

《비폭력대화(Nonviolent Communication)》, 마셜 B. 로젠버그, 2017, 한국NVC센터

《상처받지 않고 일하는 법(The Introverted Leader)》, 제니퍼 칸와일러, 2015, 중앙북스

《성격의 탄생(Personality: What Makes You the Way You Are)》, 대니얼 네틀, 2009, 와이즈북

《세상의 잡담에 적당히 참여하는 방법(The Secret lives of introverts)》, 젠 그렌멘, 2019, 더난출판

《센서티브(Highly Sensitive People in an Insensitive World: How to Create a Happy Life)》, 일자 샌드, 2017, 다산지식하우스

《심리 유형(Psychological Types)》, 칼 융, 2019, 부글북스

《아무것도 하지 않는 시간의 힘(Muβ e: Vom Gluck des Nichtstuns)》, 울리히 슈나벨, 2016, 가나출판사

《어쩌다 우리 사이가 이렇게 됐을까(How to Heal a Damaged Relationship - or Let It Go)》, 일자 샌드, 2019, 인플루엔셜

《은근한 매력(Introvert Power: Why Your Inner Life is Your Hidden Strength)》, 로리 헬고, 2009, 흐름출판

《이젠 내 시간표대로 살겠습니다(The Irresistible Introvert: Harness the Power of Quiet Charisma in a Loud World)》, 미카엘라 청, 2018, 한빛비즈

《젊은이를 위한 인간관계의 심리학》, 권석만, 2018, 학지사

《조용한 사람 큰 영향(Leise Menshen)》, 실비아 뢰켄, 2013, 동양북스

《조용히 이기는 사람들(Understatement: Vom Vergnugen, unterschatzt zu warden)》, 마티아스 뉠케, 2017, 위즈덤하우스

《콰이어트(Quiet: The Power of Introverts in a World That Can't Stop Talking)》, 수잔 케인, 2012, RHK

《타인보다 민감한 사람(The Highly Sensitive Person: How to Thrive When the World Overwhelms You)》, 일레인 아론, 2017, 웅진지식하우스

《하루 세 줄, 마음정리법(「3行日記」を書くと,なぜ健康になれるのか?)》, 고바야시 히로유키, 2015, 지식공간

《현대 성격심리학》, 권석만, 2015, 학지사

《현대 심리학 입문》, 현성용 외, 2016, 학지사

《혼자 있고 싶은데 외로운 건 싫어(The Science of Introverts: Master Your Personality, Amplify Your Strengths, Understand People, and Make More Friends)》, 피터 홀린스, 2019, 포레스트북스

《혼자가 편한 사람들(Leise gewinnt: So verschaffen sich Introvertierte Gehr)》, 도리스 메르틴, 2010, 비전코리아
《혼자가 편한 사람들의 관계 심리학(Networking for people who hate networking)》, 데보라 잭, 2012, 한국경제신문사

논문 및 아티클

〈Cerebral Blood Flow and Personality: A Positron Emission Tomography Study〉, Debra L. Johnson, John S. Wiebe, Sherri M. Gold, Nancy C. Andreasen, Richard D. Hichwa, G. Leonard Watkins, and Laura L. Boles Ponto, 1999, Am J Psychiatry

〈Collaborate Smarter, Not Harder〉, Rob Cross, Thomas H. Davenport, and Peter Gray, 2019, MIT Sloan Management Review

〈Collaborative Overload〉, Rob Cross, Reb Rebele and Adam Grant, 2016, Harvard Business Review

〈Collaboration Without Burnout〉, Rob Cross, Scott Taylor and Deb Zehner, 2018, Harvard Business Review

〈Dandelion And Orchid Children〉, David Dobbs, 2009, The Atlantic

〈How to Manage Collaborative Overload,〉 Rob Cross and Scott Taylor, 2018, Babson Thought & Action

〈Rethinking the Extraverted Sales Ideal: The Ambivert Advantage〉, Adam M. Grant, 2013, Association for Psychology Science

〈Social Theory at HBS: McGinnis' Two FOs〉, Patrick J. McGinnis, 2004, The Harbus

〈The social economy: Unlocking value and productivity through social technologies〉, McKinsey Global Institute, 2012, McKinsey Insights

〈The Structure of Stand-Up Comedy〉, Russell Goldenberg & Matt Daniels, 2018, The Pudding

〈내향성의 적응적 특성 탐색〉, 이윤경, 이훈진, 2014, Korean Journal of Clinical Psychology

〈내향적인 사람은 어떻게 하면 더 행복해질까? 관계 중심적 행복관의 중요성〉, 신지은, 김정기, 서은국, 임낭연, 2017, 한국심리학회지

〈외향성인 사람과 내향인 사람 간 행복의 차이〉, 박은미, 정태연, 2015, 한국심리학회지

〈퇴근 후 업무 카톡 금지법안의 주요 내용과 시사점〉, 하예나, 김정현, 2016, Legislative Issue Brief

보도자료 및 기사

〈Cities and Ambition〉, Paul Graham, 2008, paulgraham.com

〈Introvert vs Extrovert: A Look at the Spectrum and Psychology〉, Elaine Houston, 2019, PostivePsychology.com

〈'Parasite' director says his success is due to a 'very simple lifestyle,' not meeting a lot of people〉, Jennifer Liu, 2020, CNBC

〈Thanks for the fun weekend friends, now please leave me alone〉, Wendy Squires, 2017, MamaMia

〈The Art of Self Promotion: From Julius Caesar to Taylor Swift〉, Rachel Louise Monk, 2015, Social Media Week

〈왜 생각만을 위한 제3의 공간이 필요한가〉, 구유나, 2019, T TIMES

〈봉준호가 이미지 한 조각으로 영화를 만드는 법〉, 이해진, 2019, T TIMES

다큐멘터리

'INSIDE BILL'S BRAIN', Netflix, 2019

'검색보다 사색입니다', EBS, 2013

'당신의 성격. 나는 내성적인 사람입니다', EBS, 2010

'두뇌게임. 천재들의 전쟁', EBS, 2014

월요일이 무섭지 않은
내향인의 기술

초판 1쇄 발행 2020년 5월 4일
초판 2쇄 발행 2020년 5월 27일

지은이 | 안현진
그림 | 윤공룡

펴낸이 | 박현주
디자인 | 정보라
마케팅 | 유인철
인쇄 | 미래피앤피

펴낸 곳 | ㈜아이씨티컴퍼니
출판 등록 | 제2016-000132호
주소 | 서울시 강남구 논현로 20길 4-36, 202호
전화 | 070-7623-7022
팩스 | 02-6280-7024
이메일 | book@soulhouse.co.kr
ISBN | 979-11-88915-23-1   03190